KB042940

중국 경극
검보의 이해

정유선 지음

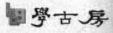

목 차

저자서문

필자가 중국 검보 관련 서적을 처음 접하게 된 것은 2000년 중국에서 박사학위를 마치고 막 귀국해 중국에서 가져온 짐을 정리할 때이다. 중국에 있으면서 언제 샀는지도 기억나지 않는 중국의 고풍스런 상자 하나를 발견하고 열어 보니, 부조로 붙여진 울긋불긋한 검보 수 십 개가 눈에 들어 왔다. 신기해서 이리 보고 저리 보고 마치 처음 보는 듯한 느낌으로 한참을 들여 다 보았다. 그리고 나중에 책 정리할 때 검보 관련 된 책이 눈에 들어오기 시작했다. 중국에 있을 땐 뭐가 그리 여유가 없었던지 아니면 너무 흔해서 무심히 보았던지 기숙사 한 구석에 묻어 두었던 검보가 중국 땅에서 한 걸음 물러서니 다가오기 시작했다.

이렇게 시작된 검보에 대한 관심과 연구는 먼저 중국 경극 검보에 대해 정리하고 도록을 실은 趙夢林의 『中國京劇臉譜』(朝華出版社, 2005) 번역작업부터 시작하게 되었고, 이후 차차 관련 논문을 쓰기 시작했다. 지금도 마찬가지지만, 국내 검보에 관한 연구는 주로 무대 메이컵 분야에서 이루어지고 있고, 중국학 관련 연구자들에게는 중국 문화의 이해 정도의 관심에 그치고 있다. 따라서 필자는 중국문학과 중국문화, 중국공연예술 등의 종합적인 관점에서 접근할 필요성이 있다고 인식하여 검보와 관련 된 자료를 수집하고 응용하고자 노력했다. 그리고 이 책은 그동안의 검보 관련 연구에 대한 중간 점검이자 동시에 되돌아보는 작업의 결과물이라고 할 수 있다.

이 책은 크게 두 부분으로 나뉘어 있다.

첫 번째 부분은 기존의 검보에 관한 상징적이며 구조적인 특징을 바탕으로 검보를 분류하고 정리해 놓았다. 검보는 이를 통해 관객에게 전하고자 하는 메시지를 시각적으로 전달하는 방법을 알 수 있도록 하는 장치를 가지고 있다. 이를 소개하는 의미에서 조풍림의 책에 실린 568개의 검보를 작품별, 유형별, 색깔별로 분류하고 정리했다. 이는 관련 연구자들에게 앞으로의 검보 연구와 중국문화 연구의 기초자료를 위해 제공하기 위함이다.

두 번째 부분은 그동안 필자가 중국 검보에 관해 쓸 연구 논문을 교양서적에 맞게 새롭게 정리한 글들이다. 검보의 가장 큰 특징은 상징성과 정형성이라고 할 수 있다. 특히 검보는 단순히 등장인물의 얼굴분장의 역할 뿐 아니라, 공연되는 극의 내용과 등장인물의 생김새 및 특징, 극 무대와 소품 등 복잡하면서 다양한 상징을 모두 지니고 있다. 따라서 두 번째 부분에서는 이와 관련된 내용을 담아 두었다.

항상 그렇지만, 어떤 한 작업을 할 때는 그 작업 속에 빠져 있어 큰 그림을 보지 못 하지만, 그 작업이 완성되어 갈 즈음에는 왜 이리 부족하고 비어 있는 부분이 많은지 반성을 하게 된다. 이 책 역시 그러하지만, 하나의 단락을 지어야 다음 단락을 만들 수 있을 거라 믿고 이즈음에서 검보에 관해 일단락을 짓고자 한다. 그리고 대나무처럼 끝없는 단락으로 연결 지을 수 있길 희망도 해 본다.

이 책이 만들어지기까지 도움을 주신 여러분들께 감사드리며, 이 책의 출판에 응해 주신 학고방 하운근 사장님께도 감사드린다.

2013년 2월
자하골에서

01 검보 분류*

1. 작품별

1) 『英烈春秋』에서 제재를 가져 온 작품

「상강회(湘江會)」

　9. 종리춘(鍾離春)[남쇄여화검(藍碎女花臉)]

　303. 종리춘(鍾離春)[남쇄여화검(藍碎女花臉)]

　329. 류개(柳盖)[남쇄화검(藍碎花臉)]

2) 『鋒劍春秋』에서 제재를 가져 온 작품

「오뇌진(五雷陣)」

　11. 모분(毛賁)[와회쇄화검(瓦灰碎花臉)]

　301. 모분(毛賁)[남쇄화검(藍碎花臉)]

---

* 본 장에서는 趙夢林의 『中國京劇臉譜』(朝華出版社, 2005)에 실린 568개의 검보를 작품별, 유형별, 색깔별로 분류하여 정리했다. 여러 개의 검보를 가지고 있는 등장인물의 혼동을 돕기 위해 각 검보 명 앞에 조몽림의 책에 표시된 일련 번호를 적어 두었다.

322. 모분(毛賁)[금화삼괴와검(金花三塊瓦臉)]

331. 왕전(王翦)[흑육분검(黑六分臉)]

3) 『東周列國志』에서 제재를 가져 온 작품 :

「蜜蜂計」, 「趙氏孤兒」(「搜孤救孤」), 「八義圖」, 「摘纓會」, 「伐子都」, 「魚腸臉」, 「文昭關」, 「慶陽圖」, 「黃金臺」, 「將相和」, 「荊軻傳」

「밀봉계(蜜蜂計)」

10. 이극(里克)[흑쇄호접검(黑碎胡蝶臉)]

「조씨고아(趙氏孤兒)」(「搜孤救孤」)

13. 위강(魏絳)[노홍삼괴와검(老紅三塊瓦臉)]

「팔의도(八義圖)」

16. 도안고(屠岸賈)[홍십자문화검(紅十字門花臉)]

「적영회(摘纓會)」

15. 선멸(先篾)[흑십자문강차검(黑十字門鋼叉臉)]

299. 선멸(先蔑)[흑십자문화검(黑十字門花臉)]

311. 진성공(晉成公)[노홍삼괴와검(老紅三塊瓦臉)]

312. 선멸(先蔑)[흑십자문화검(黑十字門花臉)]

「벌자도(伐子都)」

14. 영고숙(穎考叔)[홍삼괴와검(紅三塊瓦臉)]

「어양검(魚腸臉)」

    18. 전제(專諸)[자삼괴와검(紫三塊瓦臉)]

    19. 희료(姬僚)[황삼괴와노검(黃三塊瓦老臉)]

「문소관(文昭關)」

    20. 미남와(米南洼)[도원보검(倒元寶劍)]

「경양도(慶陽圖)」

    21. 이강(李剛)[흑십자문화검(黑十字門花臉)]

「황금대(黃金臺)」

    23. 이리(伊理)[백태감검(白太監臉)]

    306. 몽념(蒙恬)[자쇄화검(紫碎花臉)]

「장상화(將相和)」

    22. 염파(廉頗)[노홍육분검(老紅六分臉)]

    24. 호상(胡傷)[백화삼괴와검(白花三塊瓦臉)]

    327. 염파(廉頗)[흑십자문화검(黑十字門花臉)]

「형가전(荊軻傳)」

    25. 형가(荊軻)[자삼괴와검(紫三塊瓦臉)]

    308. 진무양(秦舞陽)[원보검(元寶臉)]

    332. 진시황(秦始皇)[수백정검(水白整臉)]

4) 『西漢通俗演義』에서 제재를 가져 온 작품

「黃金印」, 「追韓信」, 「九里山」, 「覇王別姬」, 「亡烏江」

「황금인(黃金印)」

27. 왕릉(王陵)[남삼괴와검(藍三塊瓦臉)]

「추한신(追韓信)」

28. 하후영(夏候嬰)[도원보검(倒元寶臉)]

「구리산(九里山)」

29. 영포(英布)[황쇄화검(黃碎花臉)]

31. 팽월(彭越)[녹쇄화검(綠碎花臉)]

「패왕별의(覇王別姬)」

30. 항우(項羽)[흑십자문강차검(黑十字門鋼叉臉)]

333. 항우(項羽)1[흑십자문강차검(黑十字門鋼叉臉)]

　　　「패왕별희(覇王別姬)」

334. 항우(項羽)2

335. 항우(項羽)3

336. 항우(項羽)4

337. 항우(項羽)5

338. 항우(項羽)6

「망오강(亡烏江)」

32. 여마통(呂馬通)[자삼괴와화검(紫三塊瓦花臉)]

5) 『東漢通俗演義』에서 제재를 가져 온 작품

「草轎關」, 「黃一刀」, 「取洛陽」, 「飛杈陣」

「초교관(草轎關)」

　33. 요기(姚期)[흑십자문노검(黑十字門老臉)]

　35. 곽영(郭榮)[수백정검(水白整臉)]

「황일도(黃一刀)」

　38. 요강(姚剛)[흑십자문화검(黑十字門花臉)]

「취낙양(取洛陽)」

　34. 오한(吳漢)[홍삼괴와검(紅三塊瓦臉)]

　36. 왕원(王元)[홍원보검(紅元寶臉)]

　39. 소헌(蘇獻)[노홍육분검(老紅六分臉)]

　40. 마무(馬武)[남쇄화검(藍碎花臉)]

「비차진(飛杈陣)」

　37. 우막(牛邈)[녹쇄화검(綠碎花臉)]

6) 『三國演義』에서 제재를 가져 온 작품

「鳳儀亭」, 「芦花蕩」, 「來陽縣」, 「華容道」, 「戰長沙」, 「過巴州」, 「走麥城」, 「群英會」, 「連營寨」, 「鐵籠山」, 「小桃園」, 「定軍山」, 「戰宛城」, 「壇山谷」, 「博望坡」, 「長坂坡」, 「過五關」, 「古城會」, 「空城計」, 「失街亭」, 「鳳凰二喬」, 「甘露寺」, 「百騎劫魏營」, 「擊鼓罵曹」, 「氾水關」, 「陽平關」, 「鳳鳴關」, 「單刀會」, 「水淹七軍」, 「戰

渭水」, 「造白袍」, 「天水關」

「봉의정(鳳儀亭)」

    69. 동탁(董卓)[수백정검(水白整臉)]

「호화탕(芦花蕩)」

    41. 장비(張飛)[흑십자문호접검(黑十字門胡蝶臉)]

「내양현(來陽縣)」

    43. 방통(龐統)[자도사검(紫道士臉)]

「화용도(華容道)」

    42. 관우(關羽)[홍정검(紅整臉)]

    44. 주창(周倉)[와회화원보검(瓦灰花元寶臉)]

「전장사(戰長沙)」

    45. 위연(魏延)[자십자문화검(紫十字門花臉)]

「과파주(過巴州)」

    47. 엄안(嚴顔)[노홍육분검(老紅六分臉)]

「주맥성(走麥城)」

    46. 맹달(孟達)[도원보검(倒元寶臉)]

    60. 서조(徐晁)[백첨노삼괴와검(白尖老三塊瓦臉)]

    75. 여몽(呂夢)[남첨삼괴와검(藍尖三塊瓦臉)]

    349. 맹달(孟達)[원보검(元寶臉)]

「군영회(群英會)」

  53. 조조(曹操)[수백정검(水白整臉)]

  66. 장간(蔣干)[문축검(文丑臉)]

  73. 황개(黃盖)[홍육분검(紅六分臉)]

  76. 태사자(太史慈)[녹쇄화검(綠碎花臉)]

  368. 우금(于禁)[자화삼괴와검(紫花三塊瓦臉)]

  375. 태사자(太史慈)[녹화검(綠花臉)]

  384. 조조(曹操)4

「연영채(連營寨)」

  48. 사마가(沙摩柯)[홍쇄화검(紅碎花臉)]

  78. 주태(周泰)[백첨삼괴와검(白尖三塊瓦臉)]

「철롱산(鐵籠山)」

  49. 강유(姜維)[홍삼괴와검(紅三塊瓦臉)]

  67. 사마사(司馬師)[홍십자문화검(紅十字門花臉)]

  68. 곽회(郭淮)[흑쇄화검(黑碎花臉)]

「소도원(小桃園)」

  51. 장포(張苞)[흑십자문화검(黑十字門花臉)]

「정군산(定軍山)」

  50. 하후연(夏候淵)[녹쇄화검(綠碎花臉)]

  56. 하후연(夏候淵)[흑십자문화검(黑十字門花臉)]

  351. 하후연(夏侯淵)[흑쇄왜화검(黑碎歪花臉)]

  355. 하후연(夏侯淵)[흑쇄왜화검(黑碎歪花臉)]

「전완성(戰宛城)」

   54. 전위(典韋)[흑십자문화검(黑十字門花臉)]

   353. 전위(典韋)[황화삼괴와검(黃花三塊瓦臉)]

   374. 전위(典韋)[황화삼괴와검(黃花三塊瓦臉)]

   382. 조조(曹操)2

「단산곡(壇山谷)」

   52. 등애(鄧艾)[백첨삼괴와검(白尖三塊瓦臉)]

「박망파(博望坡)」

   55. 전위(典韋)[황화삼괴와검(黃花三塊瓦臉)]

   385. 하후란(夏候蘭)[남화삼괴와검(藍花三塊瓦臉)]

   391. 하후돈(夏候惇)[남쇄왜화검(藍碎歪花臉)]

「장판파(長坂坡)」

   57. 허저(許褚)[흑쇄화검(黑碎花臉)]

   58. 조홍(曹洪)[홍쇄화검(紅碎花臉)]

   59. 장합(張郃)[자첨삼괴와검(紫尖三塊瓦臉)]

   352. 문빙(文聘)[노홍삼괴와검(老紅三塊瓦臉)]

   354. 허저(許褚)[흑쇄화검(黑碎花臉)]

   366. 조홍(曹洪)[홍삼괴와검(紅三塊瓦臉)]

   373. 허저(許褚)[흑쇄화검(黑碎花臉)]

   386. 악진(樂進)[황쇄화검(黃碎花臉)]

   387. 장합(張郃)[자삼괴와검(紫三塊瓦臉)]

「과오관(過五關)」

　61. 맹담(孟譚)[흑쇄화검(黑碎花臉)]

　63. 공수(孔秀)[자삼괴와검(紫三塊瓦臉)]

　64. 진기(秦琪)[흑왜쇄화검(黑歪碎花臉)]

「고성회(古城會)」

　62. 채양(蔡陽)[백첨노삼괴와검(白尖老三塊瓦臉)]

　369. 장비(張飛)1[흑십자문화검(黑十字門花臉)]「고성회(古城會)」

　370. 장비(張飛)2

　371. 장비(張飛)3

「공서계(空城計)」

　65. 사마의(司馬懿)[수백정검(水白整臉)]

「실가정(失街亭)」

　70. 마속(馬謖)[유백삼괴와검(油白三塊瓦臉)]

「봉황이교(鳳凰二喬)」

　72. 정보(程普)[자삼괴와검(紫三塊瓦臉)]

「감로사(甘露寺)」

　71. 고화(賈華)[도원보축검(倒元寶丑臉)]

　74. 손권(孫權)[수백정검(水白整臉)]

　77. 장흠(蔣欽)[남첨삼괴와검(藍尖三塊瓦臉)]

「백기겁위영(百騎劫魏營)」

　79. 능통(凌統)[자삼괴와검(紫三塊瓦臉)]

「격고매조(擊鼓罵曹)」

    389. 기패(旗牌)[원보검(元寶臉)]

「사수관(氾水關)」

    345. 화웅(華雄)[백삼괴와검(白三塊瓦臉)]

    346. 원소(袁紹)[노홍삼괴와검(老紅三塊瓦臉)]

「양평관(陽平關)」

    347. 초병(焦炳)[문축검(文丑臉)]

    348. 모용열(慕容烈)[문축검(文丑臉)]

    365. 두습(杜襲)[녹화검(綠花臉)]

    383. 조조(曹操)3

「봉명관(鳳鳴關)」

    350. 한덕(韓德)[노홍삼괴와검(老紅三塊瓦臉)]

「단도회(單刀會)」

    361. 주창(周倉)[화원보검(花元寶臉)]

「수업칠군(水淹七軍)」

    362. 주창(周倉)[화원보검(花元寶臉)]

    364. 관평(關平)[백삼괴와검(白三塊瓦臉)]

「전위수(戰渭水)」

    367. 조조(曹操)[수백정검(水白整臉)]

「조백포(造白袍)」

   372. 장비(張飛)4

   378. 범강(范疆)[악축검(惡丑臉)]

   379. 장달(張達)[악축검(惡丑臉)]

「천수관(天水關)」

   376. 위연(魏延)[자십자문화검(紫十字門花臉)]

7) 『羅通掃北全傳』에서 제재를 가져 온 작품

「백량관(白良關)」

   81. 위지보림(尉迟寶林)[흑십자문화검(黑十字門花臉)]

   84. 위지공(尉迟恭)[흑육분검(黑六分臉)]

8) 『說唐演義全傳』에서 제재를 가져 온 작품

「鎖五龍」, 「賈家樓」, 「四平山」, 「斷密澗」, 「南陽關」

「쇄오룡(鎖五龍)」

   83. 단웅신(單雄信)[남쇄화검(藍碎花臉)]

「가가루(賈家樓)」

   82. 정교금(程咬金)[녹쇄화검(綠碎花臉)]

   85. 금갑(金甲)[황쇄화검(黃碎花臉)]

   86. 동환(董環)[홍쇄화검(紅碎花臉)]

「사평산(四平山)」

　87. 이원패(李元霸)[흑상형조검(黑象形鳥臉)]

　405. 이원패(李元霸)[흑금조검(黑金鳥臉)]

「단밀간(斷密澗)」

　88. 이밀(李密)[자육분검(紫六分臉)]

「남양관(南陽關)」

　99. 우문성도(宇文成都)[황화삼괴와검(黃花三塊瓦臉)]

　393. 주찬(朱燦)[녹쇄왜화검(綠碎歪花臉)]

9) 『征西全傳』에서 제재를 가져 온 작품

　「棋盤山」, 「界牌關」, 「獨木橋」, 「摩天嶺」, 「淤泥河」

「기반산(棋盤山)」

　92. 두일호(窦一虎)[녹쇄화검(綠碎花臉)]

　409. 두일호(寶一虎)[녹화검(綠花臉)]

「계패관(界牌關)」

　94. 소보동(蘇寶童)[흑쇄화검(黑碎花臉)]

「독목교(獨木橋)」

　96. 안전보(安殿保)[백첨삼괴와검(白尖三塊瓦臉)]

「마천령(摩天岺)」

　102. 성성단(猩猩胆)[남쇄상형검(藍碎象形臉)]

408. 호로대왕(葫蘆大王)[흑십자문호로검(黑十字門葫蘆臉)]

「어니하(淤泥河)」

103. 개소문(盖蘇文)[백화삼괴와검(白花三塊瓦臉)]

563. 백마선(白馬仙)[녹쇄상형검(綠碎象形臉)]

10) 『薛剛反唐』에서 제재를 가져 온 작품

「九錫宮」, 「徐策跑城」

403. 설강(薛剛)[흑쇄화검(黑碎花臉)]

「구석궁(九錫宮)」

93. 설강(薛剛)[흑쇄화검(黑碎花臉)]

「서책포성(徐策跑城)」

95. 설규(薛葵)[흑쇄화검(黑碎花臉)]

11) 『殘唐五代史演義』(『五代殘唐』)에서 제재를 가져 온 작품

「雅觀樓」, 「沙陀國」, 「珠廉寨」, 「五龍斗」

「아관루(雅觀樓)」

105. 주온(朱溫)[녹화삼괴와검(綠花三塊瓦臉)]

106. 이극용(李克用)[홍육분검(紅六分臉)]

「사타국(沙陀國)」

108. 호리(胡理)[무축상형검(武丑象形臉)]

「주렴채(珠廉寨)」

　　111. 왕언장(王彦章)[녹쇄화상형검(綠碎花象形臉)]

「오룡두(五龍斗)」

　　110. 주덕위(周德威)[홍삼괴와검(紅三塊瓦臉)]

12) 『隋唐演義』에서 제재를 가져 온 작품

「만상홀(滿床笏)」

　　109. 곽자의(郭子儀)[노홍육분검(老紅六分臉)]

13) 『三下南唐』에서 제재를 가져 온 작품

「죽림계(竹林計)」

　　112. 여홍(余洪)[흑쇄화검(黑碎花臉)]

14) 『楊家府演義』에서 제재를 가져 온 작품

「龍虎斗」, 「牧虎關」, 「楊排風」, 「金莎灘」, 「破洪州」, 「穆柯寨」, 「五台山」, 「清官冊」, 「壯元媒」, 「雙沙河」, 「楊門女將」, 「紫金帶」

「용호두(龍虎斗)」

　　114. 호연찬(呼延贊)[흑쇄화검(黑碎花臉)]

　　115. 조광윤(趙匡胤)[홍정검(紅整臉)]

　　420. 호연찬(呼延贊)[흑쇄화검(黑碎花臉)]

「목호관(牧虎關)」

117. 고왕(高旺)[흑십자문검(黑十字門臉)]

「양배풍(楊排風)」

118. 천경왕(天慶王)[수백정검(水白整臉)]

「금사탄(金莎灘)」

119. 한창(韓昌)[홍쇄화검(紅碎花臉)]

124. 양연사(楊延嗣)[흑쇄화검(黑碎花臉)]

「파홍주(破洪州)」

120. 백천좌(白天佐)[백화삼괴와검(白花三塊瓦臉)]

「목가채(穆柯寨)」

121. 맹량(孟良)[홍십자문호로검(紅十字門芦蘆臉)]

122. 초찬(焦贊)[흑십자문검(黑十字門臉)]

「오대산(五台山)」

123. 양연덕(楊延德)[백승검(白僧臉)]

「청관책(淸官冊)」

127. 번홍(潘洪)[수백정검(水白整臉)]

「장원매(壯元媒)」

125. 파약리(巴若里)[흑쇄화검(黑碎花臉)]

126. 부룡(傅龍)[노홍육분검(老紅六分臉)]

「쌍사하(雙沙河)」

　　133. 장천룡(張天龍)[흑쇄상형검(黑碎象形臉)]

「양문여장(楊門女將)」

　　136. 왕문(王文)[백첨삼괴와검(白尖三塊瓦臉)]

「자금대(紫金帶)」

　　116. 최자건(崔子建)[자십자문화검(紫十字門花臉)]

　　15) 『金鞭呼家將演義』에서 제재를 가져 온 작품

「호연경타뢰(呼延慶打擂)」

　　134. 호연경(呼延慶)[유흑쇄화검(揉黑碎花臉)]

　　16) 『三俠五義』(『忠烈俠義傳』)에서 제재를 가져 온 작품

　　「三俠五義」, 「銅網陣」

「삼협오의(三俠五義)」

　　137. 한장(韓章)[남삼괴와검(藍三塊瓦臉)]

　　138. 노방(盧方)[노홍삼괴와검(老紅三塊瓦臉)]

　　139. 서경(徐慶)[녹쇄화검(綠碎花臉)]

「동망진(東網陣)」

　　140. 장평(蔣平)[무축검(武丑臉)]「동망진(銅網陣)」

17) 『水滸傳』에서 제재를 가져 온 작품

「黃泥崗」, 「潯陽樓」, 「野猪林」, 「黑旋風」, 「生辰綱」, 「淸風山」, 「連環馬」, 「靑州府」, 「大名府」, 「花田錯」, 「收關勝」, 「雁翎甲」, 「石秀探庄」, 「三打祝家庄」, 「鬧江州」, 「艶陽樓」(「拿高登」), 「慶頂珠」 (「打漁殺家」), 「二龍山」

「황니강(黃泥崗)」

141. 공손승(公孫勝)[자도사검(紫道士臉)]

142. 조개(晁盖)[황삼괴와노검(黃三塊瓦老臉)]

143. 유당(劉唐)[남십자문호로검(藍十字門芦蘆臉)]

「야저림(野猪林)」(「潯陽樓」)

144. 노지심(魯智深)[백승검(白僧臉)]

166. 고구(高俅)[수백정검(水白整臉)]

167. 동초(董超)[축각검(丑角臉)]

168. 설패(薛覇)[악축검(惡丑臉)]

「흑선풍(黑旋風)」

145. 이규(李逵)[흑쇄화검(黑碎花臉)]

441. 조등용(曹登龍)[백화삼괴와검(白花三塊瓦臉)]

「생진강(生辰綱)」

146. 백승(白勝)[상형무축검(象形武丑臉)]

147. 양지(楊志)[남쇄화검(藍碎花臉)]

「청풍산(淸風山)」

148. 왕영(王英)[황화삼괴와검(黃花三塊瓦臉)]

460. 좌청룡(左靑龍)[남삼괴와검(藍三塊瓦臉)]

「연환마(連環馬)」

151. 호연작(呼延灼)[흑쇄화검(黑碎花臉)]

「청주부(靑州府)」

150. 진명(秦明)[홍쇄화검(紅碎花臉)]

「대명부(大名府)」

152. 색초(索超)[남삼괴와검(藍三塊瓦臉)]

「화전착(花田錯)」

153. 주통(周通)[흑쇄화검(黑碎花臉)]

「수관승(收關勝)」

149. 선찬(宣贊)[흑쇄화검(黑碎花臉)]

155. 관승(關勝)[홍삼괴와검(紅三塊瓦臉)]

「안령갑(雁翎甲)」

154. 탕륭(湯隆)[황쇄화검(黃碎花臉)]

164. 시천(時遷)[무축검(武丑臉)]

165. 고등(高登)[유백첨삼괴와검(油白尖三塊瓦臉)]

「석수탐장(石秀探庄)」

156. 양림(楊林)[황화원보검(黃花元寶臉)]

「삼타축가장(三打祝家庄)」

157. 축룡(祝龍)[녹쇄화검(綠碎花臉)]

158. 난정옥(欒廷玉)[자첨삼괴와검(紫尖三塊瓦臉)]

159. 축호(祝虎)[남쇄화검(藍碎花臉)]

160. 축표(祝彪)[백왜화검(白歪花臉)]

「요강주(鬧江州)」

161. 장순(張順)[백화삼괴와검(白花三塊瓦臉)]

「염양루(艶陽樓)」(「拿高登」)

163. 서세영(徐世英)[녹쇄화검(綠碎花臉)]

435. 청면호(靑面虎)[녹화검(綠花臉)]

436. 고등(高登)[백첨삼괴와검(白尖三塊瓦臉)]

437. 교사(敎師)1[백왜영웅검(白歪英雄臉)]

438. 교사(敎師)2[흑왜영웅검(黑歪英雄臉)]

439. 교사(敎師)3[녹왜영웅검(綠歪英雄臉)]

440. 교사(敎師)4[남왜영웅검(藍歪英雄臉)]

443. 고등(高登)[백첨삼괴와검(白尖三塊瓦臉)]

「경정주(慶頂珠)」(「打漁殺家」)

162. 예영(倪榮)[녹쇄화검(綠碎花臉)]

442. 예영(倪榮)[녹화삼괴와검(綠花三塊瓦臉)]

「이룡산(二龍山)」

179. 금안승(金眼僧)[자승검(紫僧臉)]

180. 은안승(銀眼僧)[남승검(藍僧臉)]

433. 금안승(金眼僧)[남화승검(藍花僧臉)]

434. 은안승(銀眼僧)[자삼괴와검(紫三塊瓦臉)]

18) 『說岳飛傳』에서 제재를 가져 온 작품

「潞安州」, 「錘震金蟬子」, 「求賢鑒」, 「挑滑車」, 「飛虎夢」, 「栖梧山」, 「八大錘」, 「牛頭山」, 「正氣歌」, 「審七長亭」

「노안주(潞安州」

169. 합미치(哈迷蚩)[무축검(武丑臉)]

「추진금선자(錘震金蟬子)」

171. 금선자(金蟬子)[흑금쇄화검(黑金碎花臉)]

「구현감(求賢鑒)」

170. 시계(柴桂)[백첨삼괴와검(白尖三塊瓦臉)]

「도활차(挑滑車)」

172. 흑풍력(黑風力)[유흑영웅검(揉黑英雄臉)]

「비호몽(飛虎夢)」

173. 우고(牛皐)[흑십지문화검(黑十字門花臉)]

「서오산(栖梧山)」

175. 하원경(何元慶)[홍화삼괴와검(紅花三塊瓦臉)]

「팔대추(八大錘)」

174. 적뇌(狄雷)[흑쇄화검(黑碎花臉)]

「우두산(牛頭山)」

　176. 올술(兀述)[흑금쇄화검(黑金碎花臉)]

「정기가(正氣歌)」

　177. 이정지(李廷芝)[홍원보검(紅元寶臉)]

　178. 백안(伯顔)[와회화삼괴와검(瓦灰花三塊瓦臉)]

「범칠장정(審七長亭)」

　189. 이칠(李七)[흑왜쇄화검(黑歪碎花臉)]

19) 『英烈傳』에서 제재를 가져 온 작품

「取金陵」, 「百凉樓」

「취금릉(取金陵)」

　181. 목영(沐英)[황쇄화검(黃碎花臉)]

　184. 적복수(赤福壽)[홍첨삼괴와검(紅尖三塊瓦臉)]

　450. 목영(沐英)[황상형조검(黃象形鳥臉)]

　451. 호대해(胡大海)[흑쇄화검(黑碎花臉)]

　452. 주량조(朱亮祖)[자화삼괴와검(紫花三塊瓦臉)]

「백량루(百凉樓)」

　182. 장충(蔣忠)[흑화원보검(黑花元寶臉)]

　453. 장충(蔣忠)[흑쇄화검(黑碎花臉)]

　454. 장충(蔣忠)[흑금화원보검(黑金花元寶臉)]

20) 『施公案』에서 제재를 가져 온 작품

「連環套」,「盜御馬」,「東昌府」,「一枝桃」,「落馬湖」,「覇王庄」, 「惡虎村」,「淮安府」,「里海塢」,「虮蠟廟」

「연환투(連環套)」

201. 하천룡(賀天龍)[자첨삼괴와검(紫尖三塊瓦臉)]

203. 두이돈(竇尔敦)[남화삼괴와검(藍花三塊瓦臉)]

206. 주광조(朱光祖)[무축검(武丑臉)]

212. 파영태(巴永泰)[홍첨삼괴와검(紅尖三塊瓦臉)]

477. 두이돈(竇尔敦)1[남화삼괴와검(藍花三塊瓦臉)]

478. 두이돈(竇尔敦)2

479. 두이돈(竇尔敦)3

480. 두이돈(竇尔敦)4

481. 하천표(賀天豹)[황삼괴와검(黃三塊瓦臉)]

「도어마(盜御馬)」

202. 하천표(賀天彪)[녹쇄화검(綠碎花臉)]

「도도화어마(盜桃花御馬)」

482. 석주(石鑄)[녹금화검(綠金花臉)]

「동창부(東昌府)」

204. 학문승(郝文僧)[자승검(白僧臉)]

「일지도(一枝桃)」

205. 사호(謝虎)[남화삼괴와검(藍花三塊瓦臉)]

「낙마호(落馬湖)」

  211. 황룡기(黃龍基)[남첨화삼괴와검(藍尖花三塊瓦臉)]

  216. 이패(李佩)[자첨삼괴와검(紫尖三塊瓦臉)]

「패왕장(覇王庄)」

  210. 하로통(何路通)[황쇄화검(黃碎花臉)]

  472. 우칠(于七)[백왜화검(白歪花臉)]

「악호촌(惡虎村)」

  214. 화득뢰(花得雷)[백첨삼괴와검(白尖三塊瓦臉)]

  465. 복천조(濮天雕)[자첨삼괴와검(紫尖三塊瓦臉)]

  466. 학문(郝文)[백첨삼괴와검(白尖三塊瓦臉)]

  469. 왕량(王梁)[원보검(元寶臉)]

「회안부(淮安府)」

  217. 채천화(蔡天化)[백화삼괴와검(白花三塊瓦臉)]

「里海塢」

  218. 등구공(鄧九公)[노홍삼괴와검(老紅三塊瓦臉)]

「기랍묘(蚯蠟廟)」

  207. 김대력(金大力)[유흑정검(揉黑整臉)]

  220. 두호(竇虎)[황왜화검(黃歪花臉)]

21) 『彭公案』에서 제재를 가져 온 작품

「九龍杯」, 「英雄會」, 「劍鋒山」, 「溪皇庄」

「구룡배(九龍杯)」

    208. 복대용(濮大勇)[홍쇄화검(紅碎花臉)]

「영웅회(英雄會)」

    209. 황삼태(黃三太)[노홍삼괴와검(老紅三塊瓦臉)]

    459. 황삼태(黃三太)[황삼괴와노검(黃三塊瓦老臉)]

「검봉산(劍鋒山)」

    213. 초진원(焦振遠)[남첨괴와검(藍尖塊瓦臉)]

「계황장(溪皇庄)」

    215. 무천규(武天虬)[녹쇄화검(綠碎花臉)]

    462. 장왕(蔣旺)[자화삼괴와검(紫花三塊瓦臉)]

    463. 화득뇌(花得雷)[백첨삼괴와검(白尖三塊瓦臉)]

    464. 장왕(蔣旺)[흑쇄왜화검(黑碎歪花臉)]

22) 『兒女英雄傳』에서 제재를 가져 온 작품

「십삼매(十三妹)」

    219. 낭여표(郎如豹)[와회노삼괴와검(瓦灰老三塊瓦臉)]

23) 『封神演義』에서 제재를 가져 온 작품

「靑龍關」, 「三山關」, 「大回朝」, 「進妲己」, 「渭水河」, 「百子圖」, 「乾元山」, 「夏庭忠諫」, 「陳塘關」, 「梅花岭」, 「佳夢關」, 「穿云關」, 「反五關」, 「功潼關」, 「萬仙鎭」, 「黃河陣」, 「十絶陣」, 「天門陣」

「청룡관(靑龍關)」

1. 정윤(鄭倫)[녹첨삼괴와검(綠尖三塊瓦臉)]

3. 후예(后羿)[자삼괴와검(紫三塊瓦臉)]

289. 구인(具忍)[흑화상형검(黑花象形臉)]

290. 황천화(黃天化)[황화삼괴와검(黃花三塊瓦臉)]

「삼산관(三山關)」

4. 토행손(土行孫)[황상형검(黃象形臉)]

「대회조(大回朝)」

5. 문중(聞中)[홍육분검(紅六分臉)]

「진달기(進妲己)」

7. 숭후호(崇侯虎)[백화삼괴와검(白花三塊瓦臉)]

8. 숭흑호(崇黑虎)[흑쇄화검(黑碎花臉)]

「위수하(渭水河)」

6. 강상(姜尙)[노홍정검(老紅整臉)]

324. 남궁적(南宮適)[남화삼괴와검(藍花三塊瓦臉)]

「백자도(百子圖)」

12. 뇌진자(雷震子)[남상형검(藍象形臉)]

「건원산(乾元山)」

270. 태을진인(太乙眞人)[홍삼괴와신선검(紅三塊瓦神仙臉)]

「하정충간(夏庭忠諫)」

277. 하걸왕(夏桀王)[흑쇄화검(黑碎花臉)]

「진당관(陳塘關)」

    278. 오병(敖丙)[백상형검(白象形臉)]

「매화령(梅花岭)」

    279. 고각(高覺)[자화삼괴와검(紫花三塊瓦臉)]

    280. 고명(高明)[남화삼괴와검(藍花三塊瓦臉)]

    562. 청사(靑蛇)[남상형검(藍象形臉)]

    564. 백양정(白羊精)[백상형검(白象形臉)]

    568. 주자정(朱子貞)[흑상형검(黑象形臉)]

「가몽관(佳夢關)」

    281. 마리청(魔里靑)[은삼괴와신선검(銀三塊瓦神仙臉)]

    282. 마리홍(魔里紅)[홍쇄신선검(紅碎神仙臉)]

    283. 마리해(魔里海)[금쇄신선검(金碎神仙臉)]

    284. 마리수(魔里壽)[자화신선검(紫花神仙臉)]

「천운관(穿云關)」

    285. 양임(楊任)[홍화삼괴와신선검(紅花三塊瓦神仙臉)]

「반오관(反五關)」

    286. 여화(余化)[흑쇄화검(黑碎花臉)]

    287. 황명(黃明)[황화삼괴와검(黃花三塊瓦臉)]

    288. 주기(周紀)[흑쇄화검(黑碎花臉)]

「공동관(功潼關)」

    291. 용수호(龍須虎)[녹상형검(綠象形臉)]

「만선진(萬仙鎭)」

    292. 황룡진인(黃龍眞人)[황삼괴와검(黃三塊瓦臉)]

「황하진(黃河陣)」

    293. 초승(肖升)[백삼괴와검(白三塊瓦臉)]

    295. 진구공(陳九公)[남화원보검(藍花元寶臉)]

    296. 요소사(姚少司)[녹당원보검(綠膛元寶臉)]

「십절진(十絶陣)」

    294. 조보(曹寶)[원보검(元寶臉)]

「천문진(天門陣)」

    415. 초천좌(肖天佐)[자삼괴와화검(紫三塊瓦花臉)]

24) 『搜神記』에서 제재를 가져 온 작품

「嫦娥奔月」, 「大賜福」

「항아분월(嫦娥奔月)」

    2. 진기(陳奇)[홍화삼괴와검(紅花三塊瓦臉)]

    264. 옥토(玉兎)[백상형검(白象形臉)]

    276. 오강(吳剛)[금화삼괴와신선검(金花三塊瓦神仙臉)]

    560. 백토선(白兎仙)[백상형검(白象形臉)]

「대사복(大賜福)」

    221. 재신(財神)[홍신선검(紅神仙臉)]

25) 『西遊記』에서 제재를 가져 온 작품

「西遊記」, 「琵琶洞」, 「弼馬溫」, 「鬧天宮」, 「雙心斗」, 「安天會」, 「石猴出世」, 「八仙斗白猿」, 「芭蕉扇」, 「高老庄」, 「流沙河」, 「寶象國」, 「獅駝嶺」, 「無底洞」, 「紅梅山」, 「水廉洞」

「서유기(西遊記)」

492. 투전승불(鬪戰勝佛)[상형검(象形臉)]

498. 사오정(沙悟淨)[백승검(白僧臉)]

509. 앙일계(昂日鷄)[상형조검(象形鳥臉)]

510. 성일마(星日馬)[남상형검(藍象形臉)]

511. 허일서(虛日鼠)[회상형검(灰象形臉)]

512. 방일토(房日兎)[백상형검(白象形臉)]

513. 방월록(張月鹿)[녹상형검(綠象形臉)]

514. 심월호(心月狐)[백상형검(白象形臉)]

515. 필월오(畢月烏)[흑상형검(黑象形臉)]

516. 위월연(危月燕)[남상형검(藍象形臉)]

517. 항금룡(亢金龍)[금상형검(金象形臉)]

518. 유금구(類金狗)[금상형검(金象形臉)]

519. 우금구(牛金牛)[홍상형검(紅象形臉)]

520. 귀금양(鬼金羊)[백상형검(白象形臉)]

521. 각목교(角木狡)[홍쇄화검(紅碎花臉)]

522. 규목랑(奎木狼)[황화검(黃花臉)]

523. 정목안(井木犴)[남상형검(藍象形臉)]

524. 두목해(斗木獬)[와회화검(瓦灰花臉)]

525. 참수원(參水猿)[분홍상형검(粉紅象形臉)]

526. 진수인(軫水蚓)[흑상형검(黑象形臉)]

527. 기수표(箕水豹)[황화상형검(黃花象形臉)]

528. 벽수유(壁水㺄)[남화상형검(藍花象形臉)]

529. 자화후(觜火猴)[홍상형검(紅象形臉)]

530. 실화저(室火猪)[백상형검(白象形臉)]

531. 미화호(尾火虎)[백상형검(白象形臉)]

532. 익화사(翼火蛇)[녹화상형검(綠花象形臉)]

533. 류토장(柳土獐)[백상형검(白象形臉)]

534. 위토치(胃土雉)[와회상형검(瓦灰象形臉)]

535. 저토맥(氐土貉)[분홍상형검(粉紅象形臉)]

536. 여토복(女土蝠)[녹상형검(綠象形臉)]

559. 황호선(黃虎仙)[황상형검(黃象形臉)]

561. 용왕(龍王)[남상형검(藍象形臉)]

565. 미후왕(美猴王)[홍상형검(紅象形臉)]

566. 금계선(金鷄仙)[홍상형검(紅象形臉)]

「비파동(琵琶洞)」

223. 영관(靈官)[홍신선전(紅神仙臉)]

224. 앙일계(昂日鷄)[홍상형조검(紅象形鳥臉)]

「필마온(弼馬溫)」

225. 옥제(玉帝)[은삼괴와신선검(銀三塊瓦神仙臉)]

「요천궁(鬧天宮)」

    227. 여래(如來)[금신선검(金神仙臉)]

    228. 제천대성(齊天大聖)[홍상형검(紅象形臉)]

    229. 조천군(趙天君)[흑육분화검(黑六分花臉)]

    230. 온천군(溫天君)[녹쇄화검(綠碎花臉)]

    231. 마천군(馬天君)[백화삼괴와검(白花三塊瓦臉)]

    232. 유천군(劉天君)[홍삼괴와검(紅三塊瓦臉)]

    233. 거영신(巨靈神)[흑화원보검(黑花元寶臉)]

    234. 청룡(靑龍)[남상형검(藍象形臉)]」

    235. 이랑신(二郞神)[금삼괴와신선검(金三塊瓦神仙臉)]

    236. 백호(白虎)[백상형검(白象形臉)]

    237. 나후(羅睺)[와회상형검(瓦灰象形臉)]

    244. 뇌공(雷公)[남상조검(藍象形鳥臉)]

    490. 손오공(孫悟空)[상형검(象形臉)]

    539. 뇌공(雷公)[녹조검(綠鳥臉)]

    545. 마천군(馬天君)[와회삼괴와검(瓦灰三塊瓦臉)]

    546. 조천군(趙天君)[흑금화검(黑金花臉)]

    547. 온천군(溫天君)[녹삼괴와검(綠三塊瓦臉)]

    548. 유천군(劉天君)[홍금삼괴와검(紅金三塊瓦臉)]

「대뇨천궁(大鬧天宮)」

    487. 마천군(馬天君)[홍화삼괴와검(紅花三塊瓦臉)]

    488. 온천군(溫天君)[남화삼괴와검(藍花三塊瓦臉)]

    541. 청룡(靑龍)[녹상형검(綠象形臉)]

    542. 백호(白虎)[백상형검(白象形臉)]

544. 거령(巨靈)[흑금쇄화검(黑金碎花臉)]

549. 감정(監正)[문축검(文丑臉)]

550. 감부(監副)[소축검(小丑臉)]

552. 마졸(馬卒)[상형축검(象形丑臉)]

「쌍심두(雙心斗)」

226. 이천왕(李天王)[홍첨삼괴와신선검(紅尖三塊瓦神仙臉)]

「안천회(安天會)」

239. 통비원(通臂猿)[홍상형검(紅象形臉)]

241. 천강(天罡)[남신선검(藍神仙臉)]

242. 살신(煞神)[흑화원보검(黑花元寶臉)]

261. 북두(北斗)[자삼괴와검(紫三塊瓦臉)]

266. 효천견(哮天犬)[백상형검(白象形臉)]

489. 손오공(孫悟空)[상형검(象形臉)]

491. 손오공(孫悟空)[상형검(象形臉)]

553. 이천왕(李天王)[홍삼괴와신선검(紅三塊瓦神仙臉)]

「석후출세(石猴出世)」

238. 묵후(墨睺)[흑상형검(黑象形臉)]

「팔선두백원(八仙斗白猿)」

240. 백원(白猿)[백상형검(白象形臉)]

「파초선(芭蕉扇)」

245. 우마왕(牛魔王)[금상형검(金象形臉)]

「고로장(高老庄)」

247. 사오정(沙悟淨)[남승검(藍僧臉)]

「유사하(流沙河)」

246. 저팔계(豬八戒)[유흑상형검(揉黑象形臉)]

「사타령(獅駝嶺)」

249. 청사(靑獅)[녹상형검(綠象形臉)]「사타령(獅駝嶺)」

250. 묘신(猫神)[백상형검(白象形臉)]

256. 대붕(大鵬)[녹상형검(綠象形臉)]

「무저동(無底洞)」

251. 백상(白象)[백상형검(白象形臉)]

551. 야행수(夜行帥)[은상형검(銀象形臉)]

557. 청서정(靑鼠精)[와회상형검(瓦灰象形臉)]

「홍매산(紅梅山)」

252. 금전표(金錢豹)[금상형검(金象形臉)]

497. 금철표(金鐵豹)[금상형검(金象形臉)]

「수렴동(水廉洞)」

257. 오광(敖廣)[백삼괴와노검(白三塊瓦老臉)]

258. 오윤(敖閏)[와회삼괴와노검(瓦灰三塊瓦老臉)]

259. 하장(蝦將)[소요검(小妖臉)]

260. 구사(龟師)[소요검(小妖臉)]

「소행자력도십이참(小行者力跳十二塹)」

  500. 해탈대왕(解脫大王)[자화상형검(紫花象形臉)]

「도혼령(盜魂鈴)」

  506. 저오능(猪悟能)[상형검(象形臉)]

26) 『白蛇傳』에서 제재를 가져 온 작품

「合鉢」, 「盜仙草」

「합발(合鉢)」

  269. 위타(韋陀)[금신선전(金神仙臉)]

「도선초(盜仙草)」

  271. 녹동(鹿童)[녹형상검(綠象形臉)]

  272. 학동(鶴童)[백상형검(白象形臉)]

27) 『史記』「范雎列傳」에서 제재를 가져 온 작품

「증제포(贈綈袍)」

  17. 수고(須賈)[백첨삼괴와검(白尖三塊瓦臉)]

  305. 정안평(鄭安平)[남쇄화검(藍碎花臉)]

28) 『晋書』「周處傳」에서 제재를 가져 온 작품

「제삼해(除三害)」
　80. 주처(周處)[홍쇄화검(紅碎花臉)]

29) 『綠牧丹』에서 제재를 가져 온 작품

「파낙화(巴駱和)」(「四望亭」)
　100. 포자안(鮑自安)[백노삼괴와검(白老三塊瓦臉)]
　101. 황반(黃胖)[황승검(黃僧臉)]
　104. 파걸(巴杰)[흑쇄화검(黑碎花臉)]
　108. 호리(胡理)[무축상형검(武丑象形臉)]

30) 『飛龍傳』에서 제재를 가져 온 작품

　「斬黃袍」, 「金水橋」

「참황포(斬黃袍)」
　113. 정자명(鄭子明)[흑왜화검(黑歪花臉)]
　411. 조광윤(趙匡胤)[홍정검(紅整臉)]
　412. 정자명(鄭子明)[흑쇄왜화검(黑碎歪花臉)]
　419. 정자명(鄭子明)[흑쇄왜화검(黑碎歪花臉)]

「금수교(金水橋)」
　90. 진영(秦英)[홍상형조검(紅象形鳥臉)]

31) 『醒世恒言』에서 제재를 가져 온 작품

「십오관(十五貫)」
　187. 누아서(婁阿鼠)[상형악축검(象形惡丑臉)]

32) 『警世恒言』에서 제재를 가져 온 작품

　「玉堂春」,「女起解」

「옥당춘(玉堂春)」
　195. 심연림(沈燕林)[악문축검(惡文丑臉)]

「여기해(女起解)」
　199. 숭공도(崇公道)[노축검(老丑臉)]

33) 『二刻拍案驚奇』에서 제재를 가져 온 작품

「도은호(盜銀壺)」
　135. 서동(書僮)[소축검(小丑臉)]

34) 『孤本元明雜劇』에서 제재를 가져 온 작품

「사범하산(思凡下山)」
　194. 본무(本無)[축승검(丑僧臉)]

35) 傳奇에서 제재를 가져 온 작품

「五人義」, 「御碑亭」, 「白水灘」, 「百草山」, 「打登州」, 「打瓜園」

전기「淸忠譜」에서 제재를 가져 온 작품: 「오인의(五人義)」

186. 안패위(顔佩韋)[홍원보검(紅元寶臉)]

전기「廬夜雨」에서 제재를 가져 온 작품: 「어비정(御碑亭)」

196. 덕록(德祿)[소축검(小丑臉)]

전기「通天犀」에서 제재를 가져 온 작품: 「백수탄(白水灘)」

200. 하부장(夏副將)[홍원보검(紅元寶臉)]

전기「鉢中蓮」에서 제재를 가져 온 작품: 「백초산(百草山)」

253. 공선(孔宣)[녹상형검(綠象形臉)]

254. 백일무(白日鵡)[백상형검(白象形臉)]

255. 통작조(通雀鳥)[녹상형검(綠象形臉)]

전기「倒銅旗」에서 제재를 가져 온 작품: 「타등주(打登州)」

89. 양림(楊林)[노홍육분검(老紅六分臉)]

397. 하방(賀方)[홍삼괴와검(紅三塊瓦臉)]

398. 설량(薛亮)[황화삼괴와검(黃花三塊瓦臉)]

전기「風雲會」에서 제재를 가져 온 작품: 「타과원(打瓜園)」

128. 도홍(陶洪)[노무축검(老武丑臉)]

36) 鼓詞에서 제재를 가져 온 작품:

「鍘美案」,「二進宮」

고사 「秦香蓮」에서 제재를 가져 온 작품: 「찰미안(鍘美案)」
  129. 포증(包拯)[흑정검(黑鄭臉)]
  130. 왕조(王朝)[자삼괴와검(紫三塊瓦臉)]
  131. 조호(趙虎)[흑쇄화검(黑碎花臉)]
  132. 마한(馬漢)[원보검(元寶臉)]

고사 『香蓮帕』에서 제재를 가져 온 작품: 「이진궁(二進宮)」
  183. 서연소(徐延昭)[자육분검(紫六分臉)]

37) 출처미상 민간고사에서 제재를 가져 온 작품

「托兆碰碑」,「夏王悲歌」,「生死恨」,「梁紅玉」,「烏盆記」,「打龍袍」,「探陽山」,「四郎探母」,「英雄義」,「雙陽公主」,「戰太平」,「將元印」,「鳳還巢」,「盧州城」,「貞娥刺虎」,「飛天關」,「五女擒藍」,「畵春園」,「洗浮山」,「嫁妹」,「牧丹亭」,「百鳥朝鳳」,「八仙慶壽」,「降四魔」,「蜃中樓」,「華光鬧花燈」,「戰金山」,「九回瀾」,「九蓮燈」,「財源輻輳」,「天河配」,「玉蓮燈」

「우주봉(宇宙鋒)」
  26. 조고(趙高)[수백정검(水白整臉)]

「언탕산(雁蕩山)」
  98. 하천룡(賀天龍)[백첨삼괴와검(白尖三塊瓦臉)]

「백화공주(百花公主)」

　97. 파란(巴蘭)[홍삼괴와노검(紅三塊瓦老臉)]

「경림연(琼林宴)」

　243. 지살(地煞)[흑신선검(黑神仙臉)]

　429. 갈등운(葛登雲)[수백정검(水白整臉)]

　540. 살신(煞神)[흑화검(黑花臉)]

　555. 살신(煞神)[남쇄화검(藍碎花臉)]

「관용주(串龍珠)」

　185. 완안용(完顏龍)[홍쇄화검(紅碎花臉)]

　188. 화모(花母)[남쇄녀화검(藍碎女花臉)]

　445. 완안룡(完顏龍)[황화삼괴와검(黃花三塊瓦臉)]

　446. 곽광청(郭廣淸)[유홍정검(揉紅整臉)]

「소상분(小上墳)」

　193. 유록경(劉祿敬)[문축검(文丑臉)]

「법문사(法門寺)」

　190. 유표(劉彪)[왜원보검(歪元寶臉)]

　191. 고게(賈桂)[태감축검(太監丑臉)]

　192. 유근(劉瑾)[홍태감검(紅太監臉)]

「틈왕기(闖王旗)」

　197. 유종민(劉宗敏)[홍삼쇄괴와검(紅三碎塊瓦臉)]

　198. 학요기(郝搖旗)[유홍정검(揉紅整臉)]

「홍예관(虹霓關)」

   91. 행문례(幸文禮)[흑쇄화검(黑碎花臉)]

「팔선과해(八仙過海)」

   262. 유정(柳精)[녹금쇄화검(綠金碎花臉)]

   263. 한종리(漢鍾離)[홍신선전(紅神仙臉)]

「사주성(泗州城)」

   222. 항금용(亢金龍)[흑상형검(黑象形臉)]

   537. 가람(伽藍)[화원보검(花元寶臉)]

「오화동(五花洞)」

   265. 뇌단선(賴團仙)[녹상형검(綠象形臉)]

   267. 금두대선(金頭大仙)[남금상형검(藍金象形臉)]

   268. 갈선(蝎仙)[녹상형검(綠象形臉)]

   428. 가포증(暇包拯)[흑정검(黑整臉)]

   494. 합마정(蛤蟆精)[흑쇄화검(黑碎花臉)]

「옥상국(玉象國)」

   248. 황포괴(黃袍怪)[황상형검(黃象形臉)]

「평치우(平蚩尤)」

   273. 헌원씨(軒轅氏)[금신선정검(金神仙整臉)]

   274. 치우(蚩尤)[녹쇄화검(綠碎花臉)]

「천향경절(天香慶節)」

   275. 금오(金烏)[홍상형조검(紅象形鳥臉)]

「청하교(清河橋)」

    297. 두월초(鬪越椒)[자십자문화검(紫十字門花臉)]

    298. 두분황(鬪賁皇)[자십자문화검(紫十字門花臉)]

「황핍궁(黃逼宮)」

    300. 진왕정(秦王政)[황쇄팔보검(黃碎八寶臉)]

「절병부(竊兵符)」

    302. 진비(晋鄙)[남화삼괴와노검(藍花三塊瓦老臉)]

「관포분금(管鮑分金)」

    304. 제환공(齊桓公)[백화삼괴와검(白花三塊瓦臉)]

「장평지전(長平之戰)」

    307. 조괄(趙括)[자쇄화검(紫碎花臉)]

「병탑논상(病榻論相)」

    309. 이아(易牙)[문축검(文丑臉)]

    310. 수작(竪勺)[황태감검(黃太監臉)]

「영양관(榮陽關)」

    313. 선곡(先穀)[흑십자문화검(黑十字門花臉)]

「희숭대(喜崇臺)」

    314. 극극(郤克)[홍삼괴와검(紅三塊瓦臉)]

「초궁한(楚宮恨)」

    315. 초평왕(楚平王)[백삼괴와왜검(白三塊瓦歪臉)]

「곡진정(哭秦庭)」

316. 심윤술(沈尹戌)[홍삼괴와검(紅三塊瓦臉)]

317. 요어(繇於)[남삼괴와검(藍三塊瓦臉)]

318. 전의(專毅)[자삼괴와검(紫三塊瓦臉)]

319. 부개(夫槪)[황화삼괴와검(黃花三塊瓦臉)]

320. 공자개(公子凱)[남화삼괴와검(藍花三塊瓦臉)]

「전번성(戰樊城)」

321. 무성흑(武城黑)[흑쇄화검(黑碎花臉)].

「와호산(臥虎山)」

323. 오신(伍辛)[흑십자문화검(黑十字門花臉)]

「봉화대(烽火臺)」

325. 신후(申侯)[홍삼괴와검(紅三塊瓦臉)]

326. 견융왕(犬戎王)[녹화삼괴와검(綠花三塊瓦臉)]

「황금대(黃金臺)」

328. 악의(樂毅)[자삼괴와검(紫三塊瓦臉)]

330. 백기(白起)[흑쇄화검(黑碎花臉)]

「한명비(漢明妃)」

339. 단우왕(單于王)[남화삼괴와검(藍花三塊瓦臉)]

340. 모연수(毛延壽)[수백정검(水白整臉)]

341. 장수신(張守信)[백화삼괴와검(白花三塊瓦臉)]

342. 장회강(張懷江)[노홍육분검(老紅六分臉)]

343. 노왕(虜王)[자화삼괴와검(紫花三塊瓦臉)]

344. 마동(馬僮)[유홍검(揉紅臉)]

「전연진(戰延津)」

377. 문축(文丑)[흑쇄화검(黑碎花臉)]

「칠금맹획(七擒孟獲)」

380. 맹획(孟獲)[흑금화검(黑金花臉)]

「전북원(戰北原)」

388. 탐자(探子)[무축검(武丑臉)]

「소요진(逍遙津)」

390. 화흠(華歆)[도원보검(倒元寶臉)]

「홍핍궁(紅逼宮)」

392. 사마사(司馬師)[홍화삼괴와검(紅花三塊瓦臉)]

「광릉회(广陵會)」

394. 고담성(高談聖)[홍삼괴와검(紅三塊瓦臉)]

395. 왕세충(王世充)[자화삼괴와검(紫花三塊瓦臉)]

396. 두건덕(竇建德)[남삼괴와검(藍三塊瓦臉)]

399. 맹해공(孟海公)[홍삼괴와검(紅三塊瓦臉)]

「향마전(響馬傳)」

400. 주능아(朱能兒)[쟁형무축검(箏形武丑臉)]

407. 정교금(程咬金)[녹화삼괴와검(綠花三塊瓦臉)]

「십도본(十道本)」

401. 이건성(李建成)[도원보검(倒元寶臉)]

402. 이원길(李元吉)[문축검(文丑臉)]

「번리화(樊梨花)」

　　404. 양반(楊藩)[흑쇄화검(黑碎花臉)]

「서상기(西廂記)」

　　410. 혜명(惠明)[유홍승검(揉紅僧臉)]

「고평관(高平關)」

　　413. 고행주(高行周)[노황육분검(老紅六分臉)]

　　417. 조광윤(趙匡胤)[홍정검(紅整臉)]

「하하동(下河東)」

　　414. 구양방(歐陽芳)[황삼괴와노검(黃三塊瓦老臉)]

「금사탄(金沙灘)」

　　416. 양연사(楊延嗣)[흑화검(黑花臉)]

「쌍관성(雙觀星)」

　　418. 왕언장(王彦章)[흑금상형화검(黑金象形花臉)]

「탁조팽비(托兆碰碑)」

　　421. 양연사(楊延嗣)[흑쇄화검(黑碎花臉)]

「하왕비가(夏王悲歌)」

　　422. 이원호(李元昊)[홍삼괴와검(紅三塊瓦臉)]

「생사한(生死恨)」

　　423. 장만호(張萬戶)[자화삼괴와검(紫花三塊瓦臉)]

432. 소번(小番)[소축검(小丑臉)]

「양홍옥(梁紅玉)」
　424. 위량신(魏良臣)[수백정검(水白整臉)]

「조분기(鳥盆記)」
　425. 포증(包拯)[흑정검(黑整臉)]

「타용포(打龍袍)」
　426. 포증(包拯)[흑정검(黑整臉)]

「탐양산(探陽山)」
　427. 포증(包拯)[흑백음양검(黑白陰陽臉)]
　485. 장홍(張洪)[원보검(元寶臉)]

「사낭탐모(四郞探母)」
　430. 소번(小番)[유홍영웅검(揉紅英雄臉)]

「영웅의(英雄義)」
　431. 사문공(史文恭)[자삼괴와검(紫三塊瓦臉)]

「쌍양공주(雙陽公主)」
　444. 파라(波羅)[홍삼괴와검(紅三塊瓦老臉)]

「전태평(戰太平)」
　447. 진우걸(陳友杰)([흑쇄화검(黑碎花臉)]
　448. 진우표(陳友豹)[녹화삼괴와검(綠花三塊瓦臉)]

「장원인(將元印)」

449. 상우춘(常遇春)[자우삼괴와검(紫三塊瓦臉)]

「봉환소(鳳還巢)」

455. 주감군(周監軍)[홍태감검(紅太監臉)]

456. 주천세(朱千歲)[문축검(文丑臉)]

「여주성(廬州城)」

457. 장헌충(張獻忠)[백삼괴와검(白三塊瓦臉)]

「정아자호(貞娥刺虎)」

458. 이과(李過)[백삼괴와검(白三塊瓦臉)]

「비천관(飛天關)」

461. 무칠달자(武七韃子)[흑쇄화검(黑碎花臉)]

「오녀금람(五女擒藍)」

467. 남맹(藍猛)[남첨삼괴와검(藍尖三塊瓦臉)]

468. 남용(藍勇)[남쇄화검(藍碎花臉)]

「화춘원(畵春園)」

470. 부국은(傅國恩)[백첨삼괴와검(白尖三塊瓦臉)]

「세부산(洗浮山)」

471. 우육(于六)[남삼괴와검(藍三塊瓦臉)]

473. 진천룡(鎭天龍)[남왜화검(藍歪花臉)]

474. 진천호(鎭天虎)[황왜화검(黃歪花臉)]

475. 진천호(鎭天虎)[흑왜화검(黑歪花臉)]

476. 진천표(鎭天豹)[흑왜화검(黑歪花臉)]

「가매(嫁妹)」

483. 종규(鍾馗)[홍화원보검(紅花元寶臉)]

484. 종규(鍾馗)[흑화원보검(黑花元寶臉)]

538. 종규(鐘馗)[홍원보검(紅元寶臉)]

「목단정(牧丹亭)」

486. 호판궁(胡判官)[금원보검(金元寶臉)]

「백조조봉(百鳥朝鳳)」

493. 백앵무(白鸚鵡)[백상형검(白象形臉)]

507. 홍앵무(紅鸚鵡)[홍상형조검(紅象形鳥臉)]

508. 녹앵무(綠鸚鵡)[녹상형조검(綠象形鳥臉)]

543. 주작(朱雀)[홍금상형조검(紅金象形鳥臉)]

「팔선경수(八仙慶壽)」

495. 이철괴(李鐵拐)[자승검(紫僧臉)]

496. 한종리(漢鍾離)[홍승검(紅僧臉)]

「강사마(降四魔)」

499. 재마(財魔)[흑상형검(黑象形臉)]

「신중루(蜃中樓)」

501. 교정(蛟精)[백상형왜검(白象形歪臉)]

「화광료화등(華光鬧花燈)」

502. 오룡(烏龍)[흑금상형검(黑金象形臉)]

「전금산(戰金山)」

   503. 용호수(龍虎帅)[자쇄화검(紫碎花臉)]

「구회난(九回瀾)」

   504. 백룡선사(白龍禪師)[백승검(白僧臉)]

「구연등(九蓮燈)」

   505. 화판(火判)[홍금화원보검(紅金花元寶臉)]

「재원부주(財源輻輳)」

   554. 증복재신(增福財神)[흑금화원보검(黑金花元寶臉)]

「천하배(天河配)」

   558. 금우신(金牛神)[금상형검(金象形臉)]

「옥연등(玉蓮燈)」

   567. 효천견(哮天犬)[금상형검(金象形臉)]

2. 유형별

1) 정검

  6. 강상(姜尙)[노홍정검(老紅整臉)] 「위수하(渭水河)」

  26. 조고(趙高)[수백정검(水白整臉)] 「우주봉(宇宙鋒)」

  35. 곽영(郭榮)[수백정검(水白整臉)] 「초교관(草橋關)」

  42. 관우(關羽)[홍정검(紅整臉)] 「화용도(華容道)」

53. 조조(曹操)[수백정검(水白整臉)] 「군영회(群英會)」

65. 사마의(司馬懿)[수백정검(水白整臉)] 「공성계(空城計)」

69. 동탁(董卓)[수백정검(水白整臉)] 「봉의정(鳳儀亭)」

74. 손권(孫權)[수백정검(水白整臉)] 「감로사(甘露寺)」

115. 조광윤(趙匡胤)[홍정검(紅整臉)] 「용호두(龍虎斗)」

118. 천경왕(天慶王)[수백정검(水白整臉)] 「양배풍(楊排風)」

127. 번홍(潘洪)[수백정검(水白整臉)] 「청관책(淸官冊)」

129. 포증(包拯)[흑정검(黑整臉)] 「찰미안(鍘美案)」

166. 고구(高俅)[수백정검(水白整臉)] 「야저림(野猪林)」

198. 학요기(郝搖旗)[유홍정검(揉紅整臉)] 「틈왕기(闖王旗)」

207. 김대력(金大力)[유흑정검(揉黑整臉)] 「기사묘(虬蜡廟)」

273. 헌원씨(軒轅氏)[금신선정검(金神仙整臉)] 「평치우(平蚩尤)」

332. 진시황(秦始皇)[수백정검(水白整臉)] 「형가전(荊軻傳)」

340. 모연수(毛延壽)[수백정검(水白整臉)] 「한명비(漢明妃)」

357. 관우(關羽)1[홍정검(紅整臉)] 「전위수(戰渭水)」

358. 관우2

359. 관우3

360. 관우4

367. 조조(曹操)[수백정검(水白整臉)] 「전위수(戰渭水)」

381. 조조(曹操)1[수백정검(水白整臉)]

382. 조조(曹操)2 「전완성(戰宛城)」

383. 조조(曹操)3 「양평관(陽平關)」

384. 조조(曹操)4 「군영회(群英會)」

411. 조광윤(趙匡胤)[홍정검(紅整臉)] 「참황포(斬黃袍)」

417. 조광윤(趙匡胤)[홍정검(紅整臉)] 「고평관(高平關)」

424. 위량신(魏良臣)[수백정검(水白整臉)] 「양홍옥(梁紅玉)」

425. 포증(包拯)[흑정검(黑整臉)] 「조분기(鳥盆記)」

426. 포증(包拯)[흑정검(黑整臉)] 「타용포(打龍袍)」

428. 가포증(暇包拯)[흑정검(黑整臉)] 「오화동(五花洞)」

429. 갈등운(葛登雲)[수백정검(水白整臉)] 「경림연(瓊林宴)」

446. 곽광청(郭廣淸)[유홍정검(揉紅整臉)] 「천용주(串龍珠)」

2) 삼괴와검

1. 정윤(鄭倫)[녹첨삼괴와검(綠尖三塊瓦臉)] 「청룡관(靑龍關)」

2. 진기(陳奇[홍화삼괴와검(紅花三塊瓦臉)] 「항아분월(嫦娥奔月)」

3. 후예(后羿)[자삼괴와검(紫三塊瓦臉)] 「청룡관(靑龍關)」

7. 숭후호(崇侯虎)[백화삼괴와검(白花三塊瓦臉)] 「진달기(進妲己)」

13. 위강(魏絳)[노홍삼괴와검(老紅三塊瓦臉)] 「조씨고아(趙氏孤兒)」

14. 영고숙(潁考叔)[홍삼괴와검(紅三塊瓦臉)] 「벌자도(伐子都)」

17. 수고(須賈)[백첨삼괴와검(白尖三塊瓦臉)] 「증제포(贈綈袍)」

18. 전제(專諸)[자삼괴와검(紫三塊瓦臉)] 「어장검(魚腸臉)」

19. 희료(姬僚)[황삼괴와노검(黃三塊瓦老臉)] 「어장검(魚腸臉)」

24. 호상(胡傷)[백화삼괴와검(白花三塊瓦臉)] 「장상화(將相和)」

25. 형가(荊軻)[자삼괴와검(紫三塊瓦臉)] 「형가전(荊軻傳)」

27. 왕릉(王陵)[남삼괴와검(藍三塊瓦臉)] 「황금인(黃金印)」

32. 여마통(呂馬通)[자삼괴와화검(紫三塊瓦花臉)] 「망오강(亡烏江)」

34. 오한(吳漢)[홍삼괴와검(紅三塊瓦臉)] 「취낙양(取洛陽)」

49. 강유(姜維)[홍삼괴와검(紅三塊瓦臉)]「철롱산(鐵籠山)」

52. 등애(鄧艾)[백첨삼괴와검(白尖三塊瓦臉)]「단산곡(壇山谷)」

55. 전위(典韋)[황화삼괴와검(黃花三塊瓦臉)]「박망파(博望坡)」

59. 장합(張郃)[자첨삼괴와검(紫尖三塊瓦臉)]「장판파(長坂坡)」

60. 서조(徐晃)[백첨노삼괴와검(白尖老三塊瓦臉)]「주맥성(走麥城)」

62. 채양(蔡陽)[백첨노삼괴와검(白尖老三塊瓦臉)]「고성회(古城會)」

63. 공수(孔秀)[자삼괴와검(紫三塊瓦臉)]「과오관(過五關)」

70. 마속(馬謖)[유백삼괴와검(油白三塊瓦臉)]「실가정(失街亭)」

72. 정보(程普)[자삼괴와검(紫三塊瓦臉)]「봉황이교(鳳凰二喬)」

75. 여몽(呂夢)[남첨삼괴와검(藍尖三塊瓦臉)]「주맥성(走麥城)」

77. 장흠(蔣欽)[남첨삼괴와검(藍尖三塊瓦臉)]「감로사(甘露寺)」

78. 주태(周泰)[백첨삼괴와검(白尖三塊瓦臉)]「연영채(連營寨)」

79. 능통(凌統)[자삼괴와검(紫三塊瓦臉)]「백기겁위영(百騎劫魏營)」

96. 안전보(安殿保)[백첨삼괴와검(白尖三塊瓦臉)]「독목교(獨木橋)」

97. 파란(巴蘭)[홍삼괴와노검(紅三塊瓦老臉)]「백화공주(百花公主)」

98. 하천룡(賀天龍)[백첨삼괴와검(白尖三塊瓦臉)]「안탕산(雁蕩山)」

99. 우문성도(宇文成都)[황화삼괴와검(黃花三塊瓦臉)]
「남양관(南陽關)」

100. 포자안(鮑自安)[백노삼괴와검(白老三塊瓦臉)]「파락화(巴駱和)」

101. 황반(黃胖)[황승검(黃僧臉)]「파락화(巴駱和)」

102. 개소문(蓋蘇文)[백화삼괴와검(白花三塊瓦臉)]「마천령(摩天岭)」

105. 주온(朱溫)[녹화삼괴와검(綠花三塊瓦臉)]「아관루(雅观樓)」

110. 주덕위(周德威)[홍삼괴와검(紅三塊瓦臉)]「오룡두(五龍斗)」

120. 백천좌(白天佐)[백화삼괴와검(白花三塊瓦臉)]「파홍주(破洪州)」

130. 왕조(王朝)[자삼괴와검(紫三塊瓦臉)]「찰미안(鍘美案)」

136. 왕문(王文)[백첨삼괴와검(白尖三塊瓦臉)]「양문여장(楊門女將)」

137. 한장(韓章)[남삼괴와검(藍三塊瓦臉)]「삼협오의(三俠五義)」

138. 노방(盧方)[노홍삼괴와검(老紅三塊瓦臉)]「삼협오의(三俠五義)」

142. 조개(晁盖)[황삼괴와노검(黃三塊瓦老臉)]「심양루(潯陽樓)」

148. 왕영(王英)[황화삼괴와검(黃花三塊瓦臉)]「청풍산(淸風山)」

152. 색초(索超)[남삼괴와검(藍三塊瓦臉)]「대명부(大名府)」

155. 관승(關勝)[홍삼괴와검(紅三塊瓦臉)]「수관승(收關勝)」

158. 난정옥(欒廷玉)[자첨삼괴와검(紫尖三塊瓦臉)]
　　「삼타축가장(三打祝家庄)」

161. 장순(張順)[백화삼괴와검(白花三塊瓦臉)]「요강주(鬧江州)」

165. 고등(高登)[유백첨삼괴와검(油白尖三塊瓦臉)]「안령갑(雁翎甲)」

170. 시계(柴桂)[백첨삼괴와검(白尖三塊瓦臉)]「구현감(求賢鑒)」

175. 하원경(何元慶)[홍화삼괴와검(紅花三塊瓦臉)]「서오산(栖梧山)」

178. 백안(伯顏)[와회화삼괴와검(瓦灰花三塊瓦臉)]「정기가(正氣歌)」

184. 적복수(赤福壽)[홍첨삼괴와검(紅尖三塊瓦臉)]「취금릉(取金陵)」

197. 유종민(劉宗敏)[홍삼쇄괴와검(紅三碎塊瓦臉)]「틈왕기(闖王旗)」

201. 하천룡(賀天龍)[자첨삼괴와검(紫尖三塊瓦臉)]「연환투(連環套)」

203. 두이돈[남화삼괴와검(藍花三塊瓦臉)]「연환투(連環套)」

205. 사호(謝虎)[남화삼괴와검(藍花三塊瓦臉)]「일지도(一支桃)」

209. 황삼태(黃三太)[노홍삼괴와검(老紅三塊瓦臉)]「영웅회(英雄會)」

211. 황룡기(黃龍基)[남첨화삼괴와검(藍尖花三塊瓦臉)]
　　「낙마호(落馬湖)」

212. 파영태(巴永泰)[홍첨삼괴와검(紅尖三塊瓦臉)]「연환투(連環套)」

214. 화득뢰(花得雷)[백첨삼괴와검(白尖三塊瓦臉)]「악호촌(惡虎村)」

216. 이패(李佩)[자첨삼괴와검(紫尖三塊瓦臉)]「낙마호(落馬湖)」

217. 채천화(蔡天化)[백화삼괴와검(白花三塊瓦臉)]「회안부(淮安府)」

218. 등구공(鄧九公)[노홍삼괴와검(老紅三塊瓦臉)]「이해오(里海塢)」

219. 낭여표(郎如豹)[와회노삼괴와검(瓦灰老三塊瓦臉)]

　　「십삼매(十三妹)」

231. 마천군(馬天君)[백화삼괴와검(白花三塊瓦臉)]「요천궁(鬧天宮)」

232. 유천군(劉天君)[홍삼괴와검(紅三塊瓦臉)]「요천궁(鬧天宮)」

257. 오광(敖廣)[백삼괴와노검(白三塊瓦老臉)]「수염동(水帘洞)」

258. 오윤(敖閏)[와회삼괴와노검(瓦灰三塊瓦老臉)]「수염동(水帘洞)」

261. 북두(北斗)[자삼괴와검(紫三塊瓦臉)]「안천회(安天會)」

276. 오강(吳剛)[금화삼괴와신선검(金花三塊瓦神仙臉)]

　　「항아분월(嫦娥奔月)」

279. 고각(高覺)[자화삼괴와검(紫花三塊瓦臉)]「매화령(梅花岭)」

280. 고명(高明)[남화삼괴와검(藍花三塊瓦臉)]「매화령(梅花岭)」

281. 마리청(魔里靑)[은삼괴와신선검(銀三塊瓦神仙臉)]

　　「가몽관(佳夢關)」

285. 양임(楊任)[홍화삼괴와신선검(紅花三塊瓦神仙臉)]

　　「천운관(穿云關)」

287. 황명(黃明)[황화삼괴와검(黃花三塊瓦臉)]「반오관(反五關)」

290. 황천화(黃天化)[황화삼괴와검(黃花三塊瓦臉)]「청룡관(青龍關)」

292. 황룡진인(黃龍眞人)[황삼괴와검(黃三塊瓦臉)]「만선진(萬仙鎭)」

293. 초승(肖升)[백삼괴와검(白三塊瓦臉)]「황하진(黃河陣)」

302. 진비(晋鄙)[남화삼괴와노검(藍花三塊瓦老臉)]「절병부(竊兵符)」

304. 제환공(齊桓公)[백화삼괴와검(白花三塊瓦臉)]

「관포분금(管鮑分金)」

311. 진성공(晋成公)[노홍삼괴와검(老紅三塊瓦臉)]「적영회(摘纓會)」

314. 극극(郤克)[홍삼괴와검(紅三塊瓦臉)]「희숭대(喜崇臺)」

315. 초평왕(楚平王)[백삼괴와왜검(白三塊瓦歪臉)]「초궁한(楚宮恨)」

316. 심윤술(沈尹戌)[홍삼괴와검(紅三塊瓦臉)]「곡진정(哭秦庭)」

317. 요어(繇於)[남삼괴와검(藍三塊瓦臉)]「곡진정(哭秦庭)」

318. 전의(專毅)[자삼괴와검(紫三塊瓦臉)]「곡진정(哭秦庭)」

319. 부개(夫槪)[황화삼괴와검(黃花三塊瓦臉)]「곡진정(哭秦庭)」

320. 공자개(公子凱)[남화삼괴와검(藍花三塊瓦臉)]「곡진정(哭秦庭)」

322. 모분(毛賁)[금화삼괴와검(金花三塊瓦臉)]「오뇌진(五雷陣)」

324. 남궁적(南宮適)[남화삼괴와검(藍花三塊瓦臉)]「위수하(渭水河)」

325. 신후(申侯)[홍삼괴와검(紅三塊瓦臉)]「봉화대(烽火臺)」

326. 견융왕(犬戎王)[녹화삼괴와검(綠花三塊瓦臉)]「봉화대(烽火臺)」

328. 악의(樂毅)[자삼괴와검(紫三塊瓦臉)]「황금대(黃金臺)」

339. 단우왕(單于王)[남화삼괴와검(藍花三塊瓦臉)]「한명비(漢明妃)」

341. 장수신(張守信)[백화삼괴와검(白花三塊瓦臉)]「한명비(漢明妃)」

343. 노왕(虜王)[자화삼괴와검(紫花三塊瓦臉)]「한명비(漢明妃)」

345. 화웅(華雄)[백삼괴와검(白三塊瓦臉)]「사수관(氾水關)」

346. 원소(袁紹)[노홍삼괴와검(老紅三塊瓦臉)]「사수관(氾水關)」

350. 한덕(韓德)[노홍삼괴와검(老紅三塊瓦臉)]「봉명관(鳳鳴關)」

352. 문빙(文聘)[노홍삼괴와검(老紅三塊瓦臉)]「장판파(長坂坡)」

353. 전위(典韋)[황화삼괴와검(黃花三塊瓦臉)]「전완성(戰宛城)」

364. 관평(關平)[백삼괴와검(白三塊瓦臉)]「수업칠군(水淹七軍)」

366. 조홍(曹洪)[홍삼괴와검(紅三塊瓦臉)]「장판파(長坂坡)」

368. 우금(于禁)[자화삼괴와검(紫花三塊瓦臉)]「군영회(群英會)」

374. 전위(典韋)[황화삼괴와검(黃花三塊瓦臉)]「전완성(戰宛城)」

385. 하후란(夏候蘭)[남화삼괴와검(藍花三塊瓦臉)]「박망파(博望坡)」

387. 장합(張郃)[자삼괴와검(紫三塊瓦臉)]「장판파(長坂坡)」

392. 사마사(司馬師)[홍화삼괴와검(紅花三塊瓦臉)]「홍핍궁(紅逼宮)」

394. 고담성(高談聖)[홍삼괴와검(紅三塊瓦臉)]「광릉회(廣陵會)」

395. 왕세충(王世充)[자화삼괴와검(紫花三塊瓦臉)]「광릉회(廣陵會)」

396. 두건덕(竇建德)[남삼괴와검(藍三塊瓦臉)]「광릉회(廣陵會)」

397. 하방(賀方)[홍삼괴와검(紅三塊瓦臉)]「타등주(打登州)」

398. 설량(薛亮)[황화삼괴와검(黃花三塊瓦臉)]「타등주(打登州)」

399. 맹해공(孟海公)[홍삼괴와검(紅三塊瓦臉)]「광릉회(廣陵會)」

406. 이원패(李元霸)[금삼괴와검(金三塊瓦臉)]

407. 정교금(程咬金)[녹화삼괴와검(綠花三塊瓦臉)]「향마전(響馬傳)」

414. 구양방(歐陽芳)[황삼괴와노검(黃三塊瓦老臉)]「하하동(下河東)」

415. 초천좌(肖天佐)[자삼괴와화검(紫三塊瓦花臉)]「천문진(天門陣)」

422. 이원호(李元昊)[홍삼괴와검(紅三塊瓦臉)]「하왕비가(夏王悲歌)」

423. 장만호(張萬戶)[자화삼괴와검(紫花三塊瓦臉)]「생사한(生死恨)」

431. 사문공(史文恭)[자삼괴와검(紫三塊瓦臉)]「영웅의(英雄義)」

434. 은안승(銀眼僧)[자삼괴와검(紫三塊瓦臉)]「이룡산(二龍山)」

436. 고등(高登)[백첨삼괴와검(白尖三塊瓦臉)]「염양루(艷陽樓)」

441. 조등용(曹登龍)[백화삼괴와검(白花三塊瓦臉)]「흑선풍(黑旋風)」

442. 예영(倪榮)[녹화삼괴와검(綠花三塊瓦臉)]「타어살가(打漁殺家)」

443. 고등(高登)[백첨삼괴와검(白尖三塊瓦臉)]「염양루(艷陽樓)」

444. 파라(波羅)[홍삼괴와검(紅三塊瓦老臉)] 「쌍양공주(雙陽公主)」

445. 완안룡(完顔龍)[황화삼괴와검(黃花三塊瓦臉)] 「천용주(串龙珠)」

448. 진우표(陳友豹)[녹화삼괴와검(綠花三塊瓦臉)] 「전태평(戰太平)」

449. 상우춘(常遇春)[자삼괴와검(紫三塊瓦臉)] 「장원인(將元印)」

452. 주량조(朱亮祖)[자화삼괴와검(紫花三塊瓦臉)] 「취금릉(取金陵)」

457. 장헌충(張獻忠)[백삼괴와검(白三塊瓦臉)] 「여주성(廬州城)」

458. 이과(李過)[백삼괴와검(白三塊瓦臉)] 「정아자호(貞娥刺虎)」

459. 황삼태(黃三太)[황삼괴와노검(黃三塊瓦老臉)] 「영웅회(英雄會)」

460. 좌청룡(左靑龍)[남삼괴와검(藍三塊瓦臉)] 「청풍산(靑風山)」

462. 장왕(蔣旺)[자화삼괴와검(紫花三塊瓦臉)] 「계황장(溪皇庄)」

463. 화득뇌(花得雷)[백첨삼괴와검(白尖三塊瓦臉)] 「계황장(溪皇庄)」

465. 복천조(濮天雕)[자첨삼괴와검(紫尖三塊瓦臉)] 「악호촌(惡虎村)」

466. 학문(郝文)[백첨삼괴와검(白尖三塊瓦臉)] 「악호촌(惡虎村)」

467. 남맹(藍猛)[남첨삼괴와검(藍尖三塊瓦臉)] 「오녀금람(五女擒藍)」

470. 부국은(傅國恩)[백첨삼괴와검(白尖三塊瓦臉)] 「화춘원(畵春園)」

471. 우육(于六)[남삼괴와검(藍三塊瓦臉)] 「세부산(洗浮山)」

477. 두이돈(竇尔敦)1[남화삼괴와검(藍花三塊瓦臉)] 「연환투(連環套)」

478. 두이돈(竇尔敦)2

479. 두이돈(竇尔敦)3

480. 두이돈(竇尔敦)4

481. 하천표(賀天豹)[황삼괴와검(黃三塊瓦臉)] 「연환투(連環套)」

487. 마천군(馬天君)[홍화삼괴와검(紅花三塊瓦臉)]
     「대뇨천궁(大鬧天宮)」

488. 온천군(溫天君)[남화삼괴와검(藍花三塊瓦臉)]

「대뇨천궁(大鬧天宮)」

545. 마천군(馬天君)[와회삼괴와검(瓦灰三塊瓦臉)]「요천궁(鬧天宮)」

547. 온천군(溫天君)[녹삼괴와검(綠三塊瓦臉)]「요천궁(鬧天宮)」

548. 유천군(劉天君)[홍금삼괴와검(紅金三塊瓦臉)]「요천궁(鬧天宮)」

553. 이천왕(李天王)[홍삼괴와신선검(紅三塊瓦神仙臉)]「안천회(安天會)」

3) 화검

9. 종리춘(鍾離春)[남쇄여화검(藍碎女花臉)]「상강회(湘江會)」

188. 화모(花母)[남쇄여화검(藍碎女花臉)]「관용주(串龍珠)」

303. 종리춘(鍾離春)[남쇄여화검(藍碎女花臉)]「상강회(湘江會)」

365. 두습(杜襲)[녹화검(綠花臉)]「양평관(陽平關)」

375. 태사자(太史慈)[녹화검(綠花臉)]「군영회(群英會)」

380. 맹획(孟獲)[흑금화검(黑金花臉)]「칠금맹획(七擒孟獲)」

409. 두일호(竇一虎)[녹화검(綠花臉)]「기반산(棋盤山)」

416. 양연사(楊延嗣)[흑화검(黑花臉)]「금사탄(金沙灘)」

435. 청면호(靑面虎)[녹화검(綠花臉)]「염양루(艶陽樓)」

482. 석주(石鑄)[녹금화검(綠金花臉)]「도도화어마(盜桃花御馬)」

522. 규목랑(奎木狼)[황화검(黃花臉)]「서유기(西遊記)」

524. 두목해(斗木獬)[와회화검(瓦灰花臉)]「서유기(西遊記)」

540. 살신(煞神)[흑화검(黑花臉)]「경림연(琼林宴)」

546. 조천군(趙天君)[흑금화검(黑金花臉)]「요천궁(鬧天宮)」

4) 십자문검

15. 선멸(先篾)[흑십자문강차검(黑十字門鋼叉臉)] 「적영회(摘纓會)」

16. 도안고(屠岸賈)[홍십자문화검(紅十字門花臉)] 「팔의도(八義圖)」

21. 이강(李剛)[흑십자문화검(黑十字門花臉)] 「경양도(慶陽圖)」

30. 항우(項羽)[흑십자문강차검(黑十字門鋼叉臉)]

　　「패왕별희(覇王別姬)」

33. 요기(姚期)[흑십자문노검(黑十字門老臉)] 「초교관(草橋關)」

38. 요강(姚剛)[흑십자문화검(黑十字門花臉)] 「황일도(黃一刀)」

41. 장비(張飛)[흑십자문호접검(黑十字門胡蝶臉)] 「호화탕(芦花蕩)」

45. 위연(魏延)[자십자문화검(紫十字門花臉)] 「전장사(戰長沙)」

51. 장포(張苞)[흑십자문화검(黑十字門花臉)] 「소도원(小桃園)」

54. 전위(典韋)[흑십자문화검(黑十字門花臉)] 「전완성(戰宛城)」

56. 하후연(夏候淵)[흑십자문화검(黑十字門花臉)] 「정군산(定軍山)」

67. 사마사(司馬師)[홍십자문화검(紅十字門花臉)] 「철롱산(鐵籠山)」

81. 위지보림(尉迟寶林)[흑십자문화검(黑十字門花臉)]

　　「백량관(白良關)」

116. 최자건(崔子建)[자십자문화검(紫十字門花臉)]

　　「자금대(紫金帶)」

117. 고왕(高旺)[흑십자문검(黑十字門臉)] 「목호관(牧虎關)」

121. 맹량(孟良)[홍십자문호로검(紅十字門芦蘆臉)] 「목가채(穆柯寨)」

122. 초찬(焦贊)[흑십자문검(黑十字門臉)] 「목가채(穆柯寨)」

143. 유당(劉唐)[남십자문호로검(藍十字門芦蘆臉)] 「심양루(潯陽樓)」

173. 우고(牛皐)[흑십자문화검(黑十字門花臉)] 「비호몽(飛虎夢)」

297. 두월초(鬪越椒)[자십자문화검(紫十字門花臉)] 「청하교(淸河橋)」

298. 두분황(鬬賁皇)[자십자문화검(紫十字門花臉)]「청하교(淸河橋)」

299. 선멸(先蔑)[흑십자문화검(黑十字門花臉)]「적영회(摘纓會)」

312. 선멸(先蔑)[흑십자문화검(黑十字門花臉)]「적영회(摘纓會)」

313. 선곡(先縠)[흑십자문화검(黑十字門花臉)]「영양관(榮陽關)」

323. 오신(伍辛)[흑십자문화검(黑十字門花臉)]「와호산(臥虎山)」

327. 염파(廉頗)[흑십자문화검(黑十字門花臉)]「장상화(將相和)」

333. 항우(項羽)1[흑십자문강차검(黑十字門鋼叉臉)]

「패왕별희(霸王別姬)」

334. 항우(項羽)2

335. 항우(項羽)3

336. 항우(項羽)4

337. 항우(項羽)5

338. 항우(項羽)6

356. 하후연[흑십자문화검(黑十字門花臉)]

369. 장비(張飛)1[흑십자문화검(黑十字門花臉)]「고성회(古城會)」

370. 장비(張飛)2

371. 장비(張飛)3

372. 장비(張飛)4「조백포(造白袍)」

376. 위연(魏延)[자십자문화검(紫十字門花臉)]「천수관(天水關)」

408. 호로대왕(葫蘆大王)[흑십자문호로검(黑十字門葫蘆臉)]

「마천령(摩天嶺)」

5) 육분검

5. 문중(聞中)[홍육분검(紅六分臉)]「대회조(大回朝)」

22. 염파(廉頗)[노홍육분검(老紅六分臉)]「장상화(將相和)」

39. 소헌(蘇獻)[노홍육분검(老紅六分臉)]「취낙양(取洛陽)」

47. 엄안(嚴顔)[노홍육분검(老紅六分臉)]「과파주(過巴州)」

73. 황개(黃盖)[홍육분검(紅六分臉)]「군영회(群英會)」

84. 위지공(尉遲恭)[흑육분검(黑六分臉)]「백량관(白良關)」

88. 이밀(李密)[자육분검(紫六分臉)]「단밀간(斷密澗)」

89. 양림(楊林)[노홍육분검(老紅六分臉)]「타등주(打登州)」

106. 이극용(李克用)[홍육분검(紅六分臉)]「아관루(雅观樓)」

109. 곽자의(郭子儀)[노홍육분검(老紅六分臉)]「만상홀(滿床笏)」

126. 부룡(傅龍)[노홍육분검(老紅六分臉)]「장원매(壯元媒)」

183. 서연소(徐延昭)[자육분검(紫六分臉)]「이진궁(二進宮)」

229. 조천군(趙天君)[흑육분화검(黑六分花臉)]「요천궁(鬧天宮)」

331. 왕전(王翦)[흑육분검(黑六分臉)]「오뇌진(五雷陣)」

342. 장회강(張懷江)[노홍육분검(老紅六分臉)]「한명비(漢明妃)」

413. 고행주(高行周)[노황육분검(老紅六分臉)]「고평관(高平關)」

6) 쇄화검

8. 숭흑호(崇黑虎)[흑쇄화검(黑碎花臉)]「진달기(進妲己)」

11. 모분(毛賁)[와회쇄화검(瓦灰碎花臉)]「오뇌진(五雷陣)」

29. 영포(英布)[황쇄화검(黃碎花臉)]「구리산(九里山)」

31. 팽월(彭越)[녹쇄화검(綠碎花臉)]「구리산(九里山)」

37. 우막(牛邈)[녹쇄화검(綠碎花臉)]「비차진(飛杈陣)」

40. 마무(馬武)[남쇄화검(藍碎花臉)]「취낙양(取洛陽)」

48. 사마가(沙摩柯)[홍쇄화검(紅碎花臉)]「연영채(連營寨)」

50. 하후연(夏候淵)[녹쇄화검(綠碎花臉)]「정군산(定軍山)」

57. 허저(許褚)[흑쇄화검(黑碎花臉)]「장판파(長坂坡)」

58. 조홍(曹洪)[홍쇄화검(紅碎花臉)]「장판파(長坂坡)」

61. 맹담(孟譚)[흑쇄화검(黑碎花臉)]「과오관(過五關)」

64. 진기(秦琪)[흑왜쇄화검(黑歪碎花臉)]「과오관(過五關)」

68. 곽회(郭淮)[흑쇄화검(黑碎花臉)]「철롱산(鐵籠山)」

76. 태사자(太史慈)[녹쇄화검(綠碎花臉)]「군영회(群英會)」

80. 주처(周處)[홍쇄화검(紅碎花臉)]「제삼해(除三害)」

82. 정교금(程咬金)[녹쇄화검(綠碎花臉)]「고가루(賈家樓)」

83. 단웅신(單雄信)[남쇄화검(藍碎花臉)]「쇄오룡(鎖五龍)」

85. 금갑(金甲)[황쇄화검(黃碎花臉)]「고가루(賈家樓)」

86. 동환(董環)[홍쇄화검(紅碎花臉)]「고가루(賈家樓)」

91. 행문례(幸文禮)[흑쇄화검(黑碎花臉)]「홍예관(虹霓關)」

92. 두일호(竇一虎)[녹쇄화검(綠碎花臉)]「기반산(棋盤山)」

93. 설강(薛剛)[흑쇄화검(黑碎花臉)]「구석궁(九錫宮)」

94. 소보동(蘇寶童)[흑쇄화검(黑碎花臉)]「계패관(界牌關)」

95. 설규(薛葵)[흑쇄화검(黑碎花臉)]「서책포성(徐策跑城)」

104. 파걸(巴杰)[흑쇄화검(黑碎花臉)]「파락화(巴駱和)」

107. 맹각해(孟覺海)[홍쇄화검(紅碎花臉)]「소타국(少陀國)」

111. 왕언장(王彦章)[녹쇄화상형검(綠碎花象形臉)]「주염채(珠帘寨)」

112. 여홍(余洪)[흑쇄화검(黑碎花臉)]「죽림계(竹林計)」

114. 호연찬(呼延贊)[흑쇄화검(黑碎花臉)]「룡호두(龍虎斗)」

119. 한창(韓昌)[홍쇄화검(紅碎花臉)]「금사탄(金莎灘)」

124. 양연사(楊延嗣)[흑쇄화검(黑碎花臉)] 「금사탄(金莎灘)」

125. 파약리(巴若里)[흑쇄화검(黑碎花臉)] 「장원매(壯元媒)」

131. 조호(趙虎)[흑쇄화검(黑碎花臉)] 「찰미안(鍘美案)」

134. 호연경(呼延慶)[유흑쇄화검(揉黑碎花臉)]
　　　「호연경타뢰(呼延慶打擂)」

139. 서경(徐慶)[녹쇄화검(綠碎花臉)] 「삼협오의(三俠五義)」

145. 이규(李逵)[흑쇄화검(黑碎花臉)] 「흑선풍(黑旋風)」

147. 양지(楊志)[남쇄화검(藍碎花臉)] 「생진강(生辰綱)」

149. 선찬(宣贊)[흑쇄화검(黑碎花臉)] 「수관승(收關勝)」

150. 진명(秦明)[홍쇄화검(紅碎花臉)] 「청주부(靑州府)」

151. 호연작(呼延灼)[흑해화검(黑碎花臉)] 「연환마(連環馬)」

153. 주통(周通)[흑쇄화검(黑碎花臉)] 「화전착(花田錯)」

154. 탕륭(湯隆)[황쇄화검(黃碎花臉)] 「안령갑(雁翎甲)」

157. 축룡(祝龍)[녹쇄화검(綠碎花臉)] 「삼타축가장(三打祝家庄)」

159. 축호(祝虎)[남쇄화검(藍碎花臉)] 「삼타축가장(三打祝家庄)」

162. 예영(倪英)[녹쇄화검(綠碎花臉)] 「경정주(慶頂珠)」

163. 서세영(徐世英)[녹쇄화검(綠碎花臉)] 「염양루(艶陽樓)」

171. 금선자(金蟬子)[흑금쇄화검(黑金碎花臉)]
　　　「추진금선자(錘震金蟬子)」

174. 적뇌(狄雷)[흑쇄화검(黑碎花臉)] 「팔대추(八大錘)」

176. 올술(兀述)[흑금쇄화검(黑金碎花臉)] 「우두산(牛頭山)」

181. 목영(沐英)[황쇄화검(黃碎花臉)] 「취금릉(取金陵)」

185. 완안용(完顔龍)[홍쇄화검(紅碎花臉)] 「관용주(串龍珠)」

189. 이칠(李七)[흑왜쇄화검(黑歪碎花臉)] 「심칠장정(審七長亭)」

202. 하천표(賀天彪)[녹쇄화검(綠碎花臉)]「도어마(盜御馬)」

208. 복대용(濮大勇)[홍쇄화검(紅碎花臉)]「구룡배(九龍杯)」

210. 하로통(何路通)[황쇄화검(黃碎花臉)]「패왕장(覇王庄)」

215. 무천규(武天虬)[녹쇄화검(綠碎花臉)]「계황장(溪皇庄)」

230. 온천군(溫天君)[녹쇄화검(綠碎花臉)]「요천궁(鬧天宮)」

262. 유정(柳精)[녹금쇄화검(綠金碎花臉)]「팔선과해(八仙過海)」

274. 치우(蚩尤)[녹쇄화검(綠碎花臉)]「평치우(平蚩尤)」

277. 하걸왕(夏桀王)[흑쇄화검(黑碎花臉)]「하정충간(夏庭忠諫)」

286. 여화(余化)[흑쇄화검(黑碎花臉)]「반오관(反五關)」

288. 주기(周紀)[흑쇄화검(黑碎花臉)]「반오관(反五關)」

301. 모분(毛賁)[남쇄화검(藍碎花臉)]「오뇌진(五雷陣)」

305. 정안평(鄭安平)[남쇄화검(藍碎花臉)]「증제포(贈綈袍)」

306. 몽넘(蒙恬)[자쇄화검(紫碎花臉)]「황금대(黃金臺)」

307. 조괄(趙括)[자쇄화검(紫碎花臉)]「장평지전(長平之戰)」

321. 무성흑(武城黑)[흑쇄화검(黑碎花臉)]「전번성(戰樊城)」

329. 류개(柳盖)[남쇄화검(藍碎花臉)]「상강회(湘江會)」

330. 백기(白起)[흑쇄화검(黑碎花臉)]「황금대(黃金臺)」

354. 허저(許褚)[흑쇄화검(黑碎花臉)]「장판파(長坂坡)」

373. 허저(許褚)[흑쇄화검(黑碎化臉)]「장판파(長坂坡)」

377. 문축(文丑)[흑쇄화검(黑碎花臉)]「전연진(戰延津)」

386. 악진(樂進)[황쇄화검(黃碎花臉)]「장판파(長坂坡)」

403. 설강(薛剛)[흑쇄화검(黑碎花臉)]「설강반서(薛剛反唐)」

404. 양반(楊藩)[흑쇄화검(黑碎花臉)]「번리화(樊梨花)」

420. 호연찬(呼延贊)[흑쇄화검(黑碎花臉)]「용호두(龍虎斗)」

421. 양연사(楊延嗣)[흑쇄화검(黑碎花臉)]「탁조팽비(托兆碰碑)」

447. 진우걸(陳友杰)([흑쇄화검(黑碎花臉)]「전태평(戰太平)」

451. 호대해(胡大海)[흑쇄화검(黑碎花臉)]「취금릉(取金陵)」

453. 장충(蔣忠)[흑쇄화검(黑碎花臉)]「백량루(百凉樓)」

461. 무칠달자(武七韃子)[흑쇄화검(黑碎花臉)]「비천관(飛天關)」

468. 남용(藍勇)[남쇄화검(藍碎花臉)]「오녀금람(五女擒藍)」

494. 합마정(蛤蟆精)[흑쇄화검(黑碎花臉)]「오화동(五花洞)」

503. 용호수(龍虎帥)[자쇄화검(紫碎花臉)]「전금산(戰金山)」

521. 각목교(角木狡)[홍쇄화검(紅碎花臉)]「서유기(西遊記)」

544. 거령(巨靈)[흑금쇄화검(黑金碎花臉)]「대뇨천궁(大鬧天宮)」

555. 살신(煞神)[남쇄화검(藍碎花臉)]「경림연(琼林宴)」

7) 왜검

113. 정자명(鄭子明)[흑왜화검(黑歪花臉)]「참황포(斬黃袍)」

160. 축표(祝彪)[백왜화검(白歪花臉)]「삼타축가장(三打祝家庄)」

220. 두호(竇虎)[황왜화검(黃歪花臉)]「기사묘(虮蝎廟)」

351. 하후연(夏侯淵)[흑쇄왜화검(黑碎歪花臉)]「정군산(定軍山)」

355. 하후연(夏侯淵)[흑쇄왜화검(黑碎歪花臉)]「정군산(定軍山)」

391. 하후돈(夏候惇)[남쇄왜화검(藍碎歪花臉)]「박망파(博望坡)」

393. 주찬(朱燦)[녹쇄왜화검(綠碎歪花臉)]「남양관(南陽關)」

412. 정자명(鄭子明)[흑쇄왜화검(黑碎歪花臉)]「참황포(斬黃袍)」

419. 정자명(鄭子明)[흑쇄왜화검(黑碎歪花臉)]「참황포(斬黃袍)」

464. 장왕(蔣旺)[흑쇄왜화검(黑碎歪花臉)]「계황장(溪皇庄)」

472. 우칠(于七)[백왜화검(白歪花臉)] 「패왕장(覇王庄)」

473. 진천룡(鎭天龍)[남왜화검(藍歪花臉)] 「세부산(洗浮山)」

474. 진천호(鎭天虎)[황왜화검(黃歪花臉)] 「세부산(洗浮山)」

475. 진천호(鎭天虎)[흑왜화검(黑歪花臉)] 「세부산(洗浮山)」

476. 진천표(鎭天豹)[흑왜화검(黑歪花臉)] 「세부산(洗浮山)」

8) 승도검

123. 양연덕(楊延德)[백승검(白僧臉)] 「오태산(五台山)」

144. 노지심(魯智深)[백승검(白僧臉)] 「야저림(野猪林)」

179. 금안승(金眼僧)[자승검(紫僧臉)] 「이용산(二龍山)」

180. 은안승(銀眼僧)[남승검(藍僧臉)] 「이용산(二龍山)」

204. 학문승(郝文僧)[자승검(白僧臉)] 「동창부(東唱府)」

247. 사오정(沙悟淨)[남승검(藍僧臉)] 「고노장(高老庄)」

410. 혜명(惠明)[유홍승검(揉紅僧臉)] 「서상기(西廂記)」

433. 금안승(金眼僧)[남화승검(藍花僧臉)] 「이용산(二龍山)」

495. 이철괴(李鐵拐)[자승검(紫僧臉)] 「팔선경수(八仙慶壽)」

496. 한종리(漢鍾離)[홍승검(紅僧臉)] 「팔선경수(八仙慶壽)」

498. 사오정(沙悟淨)[백승검(白僧臉)] 「서유기(西遊記)」

504. 백룡선사(白龍禪師)[백승검(白僧臉)] 「구회난(九回瀾)」

43. 방통(龐統)[자도사검(紫道士臉)] 「내양현(來陽縣)」

141. 공손승(公孫勝)[자도사검(紫道士臉)] 「황니강(黃泥崗)」

9) 태감검

23. 이리(伊理)[백태감검(白太監臉)] 「황금대(黃金臺)」

191. 고계(賈桂)[태감축검(太監丑臉)] 「법문사(法門寺)」

192. 유근(劉瑾)[홍태감검(紅太監臉)] 「법문사(法門寺)」

310. 수작(竪勺)[황태감검(黃太監臉)] 「병탑논상(病榻論相)」

455. 주감군(周監軍)[홍태감검(紅太監臉)] 「봉환소(鳳還巢)」

10) 원보검

20. 미남와(米南洼)[도원보검(倒元寶劍)] 「문소관(文昭關)」

28. 하후영(夏候嬰)[도원보검(倒元寶臉)] 「추한신(追韓信)」

36. 왕원(王元)[홍원보검(紅元寶臉)] 「취낙양(取洛陽)」

44. 주창(周倉)[와회화원보검(瓦灰花元寶臉)] 「화용도(華容道)」

46. 맹달(孟達)[도원보검(倒元寶臉)] 「주맥성(走麥城)」

71. 고화(賈華)[도원보축검(倒元寶丑臉)] 「감로사(甘露寺)」

132. 마한(馬漢)[원보검(元寶臉)] 「찰미안(鍘美案)」

156. 양림(楊林)[황화원보검(黃花元寶臉)] 「석수탐장(石秀探庄)」

177. 이정지(李廷芝)[홍원보검(紅元寶臉)] 「정기가(正氣歌)」

182. 장충(蔣忠)[흑화원보검(黑花元寶臉)] 「백량루(百凉樓)」

186. 안패위(顔佩韋)[홍원보검(紅元寶臉)] 「오인의(五人義)」

190. 유표(劉彪)[왜원보검(歪元寶臉)] 「법문사(法門寺)」

200. 하부장(夏副將)[홍원보검(紅元寶臉)] 「백수탄(白水灘)」

233. 거영신(巨靈神)[흑화원보검(黑花元寶臉)] 「요천궁(鬧天宮)」

242. 살신(煞神)[흑화원보검(黑花元寶臉)] 「안천회(安天會)」

294. 조보(曹寶)[원보검(元寶臉)] 「십절진(十絶陣)」

295. 진구공(陳九公)[남화원보검(藍花元寶臉)] 「황하진(黃河陣)」

296. 요소사(姚少司)[녹당원보검(綠膛元寶臉)] 「황하진(黃河陣)」

308. 진무양(秦舞陽)[원보검(元寶臉)] 「형가전(荊軻傳)」

349. 맹달(孟達)[원보검(元寶臉)] 「주맥성(走麥城)」

361. 주창(周倉)[화원보검(花元寶臉)] 「단도회(單刀會)」

362. 주창(周倉)[화원보검(花元寶臉)] 「수업칠군(水淹七軍)」

389. 기패(旗牌)[원보검(元寶臉)] 「격고매조(擊鼓罵曹)」

390. 화흠(華歆)[도원보검(倒元寶臉)] 「소요진(逍遙津)」

401. 이건성(李建成)[도원보검(倒元寶臉)] 「십도본(十道本)」

454. 장충(蔣忠)[흑금화원보검(黑金花元寶臉)] 「백량루(百凉樓)」

469. 왕량(王梁)[원보검(元寶臉)] 「악호촌(惡虎村)」

483. 종규(鍾馗)[홍화원보검(紅花元寶臉)] 「가매(嫁妹)」

484. 종규(鍾馗)[흑화원보검(黑花元寶臉)] 「가매(嫁妹)」

485. 장홍(張洪)[원보검(元寶臉)] 「탐양산(探陽山)」

486. 호판궁(胡判官)[금원보검(金元寶臉)] 「목단정(牧丹亭)」

505. 화판(火判)[홍금화원보검(紅金花元寶臉)] 「구연등(九蓮燈)」

537. 가람(伽藍)[화원보검(花元寶臉)] 「사주성(泗州城)」

538. 종규(鐘馗)[홍원보검(紅元寶臉)] 「가매(嫁妹)」

554. 증복재신(增福財神)[흑금화원보검(黑金花元寶臉)]
「재원부주(財源輻輳)」

11) 상형검

4. 토행손(土行孫)[황상형검(黃象形臉)] 「삼산관(三山關)」

12. 뇌진자(雷震子)[남상형검(藍象形臉)] 「백자도(百子圖)」

87. 이원패(李元覇)[흑상형조검(黑象形鳥臉)] 「사평산(四平山)」

90. 진영(秦英)[홍상형조검(紅象形鳥臉)] 「금수교(金水橋)」

103. 성성단(猩猩胆)[남쇄상형검(藍碎象形臉)] 「어니하(淤泥河)」

108. 호리(胡理)[무축상형검(武丑象形臉)] 「파락화(巴駱和)」

133. 장천룡(張天龍)[흑쇄상형검(黑碎象形臉)] 「쌍사하(雙沙河)」

146. 백승(白勝)[상형무축검(象形武丑臉)] 「생진강(生辰綱)」

187. 누아서(婁阿鼠)[상형악축검(象形惡丑臉)] 「십오관(十五貫)」

222. 항금용(亢金龍)[흑상형검(黑象形臉)] 「사주성(泗州城)」

224. 앙일계(昂日鷄)[홍상형조검(紅象形鳥臉)] 「비파동(琵琶洞)」

228. 제천대성(齊天大聖)[홍상형검(紅象形臉)] 「요천궁(鬧天宮)」

234. 청룡(靑龍)[남상형검(藍象形臉)] 「요천궁(鬧天宮)」

236. 백호(白虎)[백상형검(白象形臉)] 「요천궁(鬧天宮)」

237. 나후(羅睺)[와회상형검(瓦灰象形臉)] 「요천궁(鬧天宮)」

238. 묵후(墨睺)[흑상형검(黑象形臉)] 「석후출세(石猴出世)」

239. 통비원(通臂猿)[홍상형검(紅象形臉)] 「안천회(安天會)」

240. 백원(白猿)[백상형검(白象形臉)] 「팔선두백원(八仙斗白猿)」

244. 뇌공(雷公)[남상조검(藍象形鳥臉)] 「요천궁(鬧天宮)」

245. 우마왕(牛魔王)[금상형검(金象形臉)] 「파초선(芭蕉扇)」

246. 저팔계(豬八戒)[유흑상형검(揉黑象形臉)] 「류사하(流沙河)」

248. 황포괴(黃袍怪)[황상형검(黃象形臉)] 「옥상국(玉象國)」

249. 청사(靑獅)[녹상형검(綠象形臉)] 「사타령(獅駝嶺)」

250. 묘신(猫神)[백상형검(白象形臉)] 「사타령(獅駝嶺)」

251. 백상(白象)[백상형검(白象形臉)] 「무저동(无底洞)」

252. 금전표(金錢豹)[금상형검(金象形臉)] 「홍매산(紅梅山)」

253. 공선(孔宣)[녹상형검(綠象形臉)] 「백초산(百草山)」

254. 백일무(白日鵡)[백상형검(白象形臉)] 「백초산(百草山)」

255. 통작조(通雀鳥)[녹상형검(綠象形臉)] 「백초산(百草山)」

256. 대붕(大鵬)[녹상형검(綠象形臉)] 「사타령(獅駝嶺)」

264. 옥토(玉兎)[백상형검(白象形臉)] 「항아분월(嫦娥奔月)」

265. 뇌단선(賴團仙)[녹상형검(綠象形臉)] 「오화동(五花洞)」

266. 효천견(哮天犬)[백상형검(白象形臉)] 「안천회(安天會)」

267. 금두대선(金頭大仙)[남금상형검(藍金象形臉)] 「오화동(五花洞)」

268. 갈선(蝎仙)[녹상형검(綠象形臉)] 「오화동(五花洞)」

271. 녹동(鹿童)[녹형상검(綠象形臉)] 「도선초(盜仙草)」

272. 학동(鶴童)[백상형검(白象形臉)] 「도선초(盜仙草)」

275. 금오(金烏)[홍상형조검(紅象形鳥臉)] 「천향경절(天香庆节)」

278. 오병(敖丙)[백상형검(白象形臉)] 「진당관(陳塘關)」

289. 구인[흑화상형검(黑花象形臉)] 「청룡관(青龍關)」

291. 용수호(龍須虎)[녹상형검(綠象形臉)] 「공동관(功潼關)」

418. 왕언장(王彦章)[흑금상형화검(黑金象形花臉)] 「쌍관성(雙觀星)」

450. 목영(沐英)[황상형조검(黃象形鳥臉)] 「취금릉(取金陵)」

489. 손오공(孫悟空)[상형검(象形臉)] 「안천회(安天會)」

490. 손오공(孫悟空)[상형검(象形臉)] 「요천궁(鬧天宮)」

491. 손오공(孫悟空)[상형검(象形臉)] 「안천회(安天會)」

492. 투전승불(鬪戰勝佛)[상형검(象形臉)] 「서유기(西遊記)」

493. 백앵무(白鸚鵡)[백상형검(白象形臉)] 「백조조봉(百鳥朝鳳)」

497. 금철표(金鐵豹)[금상형검(金象形臉)] 「홍매산(紅梅山)」

499. 재마(財魔)[흑상형검(黑象形臉)] 「강사마(降四魔)」

500. 해탈대왕(解脫大王)[자화상형검(紫花象形臉)] 「소행자력도십이참(小行者力跳十二塹)」

501. 교정(蛟精)[백상형왜검(白象形歪臉)] 「신중루(蜃中樓)」

502. 오룡(烏龍)[흑금상형검(黑金象形臉)] 「화광료화등(華光鬧花燈)」

506. 저오능(猪悟能)[상형검(象形臉)] 「도혼령(盜魂鈴)」

507. 홍앵무(紅鸚鵡)[홍상형조검(紅象形鳥臉)] 「백조조봉(百鳥朝鳳)」

508. 녹앵무(綠鸚鵡)[녹상형조검(綠象形鳥臉)] 「백조조봉(百鳥朝鳳)」

509. 앙일계(昂日鷄)[상형조검(象形鳥臉)] 「서유기(西遊記)」

510. 성일마(星日馬)[남상형검(藍象形臉)] 「서유기(西遊記)」

511. 허일서(虛日鼠)[회상형검(灰象形臉)] 「서유기(西遊記)」

512. 방일토(房日兎)[백상형검(白象形臉)] 「서유기(西遊記)」

513. 방월록(張月鹿)[녹상형검(綠象形臉)] 「서유기(西遊記)」

514. 심월호(心月狐)[백상형검(白象形臉)] 「서유기(西遊記)」

515. 필월오(畢月烏)[흑상형검(黑象形臉)] 「서유기(西遊記)」

516. 위월연(危月燕)[남상형검(藍象形臉)] 「서유기(西遊記)」

517. 항금룡(亢金龍)[금상형검(金象形臉)] 「서유기(西遊記)」

518. 유금구(類金狗)[금상형검(金象形臉)] 「서유기(西遊記)」

519. 우금구(牛金牛)[홍상형검(紅象形臉)] 「서유기(西遊記)」

520. 귀금양(鬼金羊)[백상형검(白象形臉)] 「서유기(西遊記)」

523. 정목안(井木犴)[남상형검(藍象形臉)] 「서유기(西遊記)」

525. 참수원(參水猿)[분홍상형검(粉紅象形臉)] 「서유기(西遊記)」

526. 진수인(軫水蚓)[흑상형검(黑象形臉)] 「서유기(西遊記)」

527. 기수표(箕水豹)[황화상형검(黃花象形臉)] 「서유기(西遊記)」

528. 벽수유(壁水貐)[남화상형검(藍花象形臉)]「서유기(西遊記)」

529. 자화후(觜火猴)[홍상형검(紅象形臉)]「서유기(西遊記)」

530. 실화저(室火猪)[백상형검(白象形臉)]「서유기(西遊記)」

531. 미화호(尾火虎)[백상형검(白象形臉)]「서유기(西遊記)」

532. 익화사(翼火蛇)[녹화상형검(綠花象形臉)]「서유기(西遊記)」

533. 류토장(柳土獐)[백상형검(白象形臉)]「서유기(西遊記)」

534. 위토치(胃土雉)[와회상형검(瓦灰象形臉)]「서유기(西遊記)」

535. 저토맥(氐土貉)[분홍상형검(粉紅象形臉)]「서유기(西遊記)」

536. 여토복(女土蝠)[녹상형검(綠象形臉)]「서유기(西遊記)」

541. 청룡(靑龍)[녹상형검(綠象形臉)]「대뇨천궁(大鬧天宮)」

542. 백호(白虎)[백상형검(白象形臉)]「대뇨천궁(大鬧天宮)」

543. 주작(朱雀)[홍금상형조검(紅金象形鳥臉)]「백조조봉(百鳥朝鳳)」

551. 야행수(夜行帥)[은상형검(銀象形臉)]「무저동(無底洞)」

552. 마졸(馬卒)[상형축검(象形丑臉)]「대뇨천궁(大鬧天宮)」

556. 대귀(大鬼)[흑화상형검(黑花象形臉)]「활유산(滑油山)」

557. 청서정(靑鼠精)[와회상형검(瓦灰象形臉)]「무저동(无底洞)」

558. 금우신(金牛神)[금상형검(金象形臉)]「천하배(天河配)」

559. 황호선(黃虎仙)[황상형검(黃象形臉)]「서유기(西遊記)」

560. 백토선(白兎仙)[백상형검(白象形臉)]「항아분월(嫦娥奔月)」

561. 용왕(龍王)[남상형검(藍象形臉)]「서유기(西遊記)」

562. 청사(靑蛇)[남상형검(藍象形臉)]「매화령(梅花岭)」

563. 백마선(白馬仙)[녹쇄상형검(綠碎象形臉)]「어니하(淤泥河)」

564. 백양정(白羊精)[백상형검(白象形臉)]「매화령(梅花岭)」

565. 미후왕(美猴王)[홍상형검(紅象形臉)]「서유기(西遊記)」

566. 금계선(金鷄仙)[홍상형검(紅象形臉)]「서유기(西遊記)」

567. 효천견(哮天犬)[금상형검(金象形臉)]「옥연등(玉蓮燈)」

568. 주자정(朱子貞)[흑상형검(黑象形臉)]「매화령(梅花岭)」

12) 신선검

221. 재신(財神)[홍신선검(紅神仙臉)]「대사복(大賜福)」

223. 영관(靈官)[홍신선전(紅神仙臉)]「비파동(琵琶洞)」

225. 옥제(玉帝)[은삼괴와신선검(銀三塊瓦神仙臉)]「필마온(弼馬溫)」

226. 이천왕(李天王)[홍첨삼괴와신선검(紅尖三塊瓦神仙臉)]「쌍심두(雙心斗)」

227. 여래(如來)[금신선검(金神仙臉)]「요천궁(鬧天宮)」

235. 이랑신(二郎神)[금삼괴와신선검(金三塊瓦神仙臉)]「요천궁(鬧天宮)」

241. 천강(天罡)[남신선검(藍神仙臉)]「안천회(安天會)」

243. 지살(地煞)[흑신선검(黑神仙臉)]「경림연(琼林宴)」

263. 한종리(漢鍾離)[홍신선전(紅神仙臉)]「팔선과해(八仙過海)」

269. 위타(韋陀)[금신선전(金神仙臉)]「합발(合钵)」

270. 태을진인(太乙眞人)[홍삼괴와신선검(紅三塊瓦神仙臉)]「건원산(乾元山)」

282. 마리홍(魔里紅)[홍쇄신선검(紅碎神仙臉)]「가몽관(佳夢關)」

283. 마리해(魔里海)[금쇄신선검(金碎神仙臉)]「가몽관(佳夢關)」

284. 마리수(魔里壽)[자화신선검(紫花神仙臉)]「가몽관(佳夢關)」

13) 축각검

66. 장간(蔣干)[문축검(文丑臉)]「군영회(群英會)」

128. 도홍(陶洪)[노무축검(老武丑臉)]「타과원(打瓜園)」

135. 서동(書僮)[소축검(小丑臉)]「도은호(盜銀壺)」

140. 장평(蔣平)[무축검(武丑臉)]「동망진(銅網陣)」

164. 시천(時遷)[무축검(武丑臉)]「안령갑(雁翎甲)」

167. 동초(董超)[축각검(丑角臉)]「야저림(野豬林)」

168. 설패(薛霸)[악축검(惡丑臉)]「야저림(野豬林)」

169. 합미치(哈迷蚩)[무축검(武丑臉)]「로안주(潞安州)」

193. 유록경(劉祿敬)[문축검(文丑臉)]「소상분(小上墳)」

194. 본무(本無)[축승검(丑僧臉)]「사범하산(思凡下山)」

195. 심연림(沈燕林)[악문축검(惡文丑臉)]「옥당춘(玉堂春)」

196. 덕록(德祿)[소축검(小丑臉)]「어비정(御碑亭)」

199. 숭공도(崇公道)[노축검(老丑臉)]「여기해(女起解)」

206. 주광조(朱光祖)[무축검(武丑臉)]「연환투(連環套)」

309. 이아(易牙)[문축검(文丑臉)]「병탑논상(病榻論相)」

347. 초병(焦炳)[문축검(文丑臉)]「양평관(陽平關)」

348. 모용열(慕容烈)[문축검(文丑臉)]「양평관(陽平關)」

378. 범강(范疆)[악축검(惡丑臉)]「조백포(造白袍)」

379. 장달(張達)[악축검(惡丑臉)]「조백포(造白袍)」

388. 탐자(探子)[무축검(武丑臉)]「전북원(戰北原)」

400. 주능아(朱能兒)[쟁형무축검(箏形武丑臉)]「향마전(響馬傳)」

402. 이원길(李元吉)[문축검(文丑臉)]「십도본(十道本)」

432. 소번(小番)[소축검(小丑臉)]「생사한(生死恨)」

456. 주천세(朱千歲)[문축검(文丑臉)]「봉환소(鳳還巢)」

549. 감정(監正)[문축검(文丑臉)]「대뇨천궁(大鬧天宮)」

550. 감부(監副)[소축검(小丑臉)]「대뇨천궁(大鬧天宮)」

14) 영웅, 소요검

172. 흑풍력(黑風力)[유흑영웅검(揉黑英雄臉)]「도활차(挑滑車)」

430. 소번(小番)[유홍영웅검(揉紅英雄臉)]「사낭탐모(四郞探母)」

437. 교사(教師)1[백왜영웅검(白歪英雄臉)]「염양루(艶陽樓)」

438. 교사(教師)2[흑왜영웅검(黑歪英雄臉)]「염양루(艶陽樓)」

439. 교사(教師)3[녹왜영웅검(綠歪英雄臉)]「염양루(艶陽樓)」

440. 교사(教師)4[남왜영웅검(藍歪英雄臉)]「염양루(艶陽樓)」

259. 하장(蝦將)[소요검(小妖臉)]「수염동(水帘洞)」

260. 구사(龜師)[소요검(小妖臉)]「수염동(水帘洞)」

15) 기타

10. 이극(里克)[흑쇄호접검(黑碎胡蝶臉)]「밀봉계(蜜蜂計)」

363. 주창(周倉)[흑쇄호접검(黑碎蝴蝶臉)]

213. 초진원(焦振遠)[남첨괴와검(藍尖塊瓦臉)]「검봉산(劍鋒山)」

300. 진왕정(秦王政)[황쇄팔보검(黃碎八寶臉)]「황핍궁(黃逼宮)」

344. 마동(馬僮)[유홍검(揉紅臉)]「한명비(漢明妃)」

405. 이원패(李元覇)[흑금조검(黑金鳥臉)]「사평산(四平山)」

539. 뇌공(雷公)[녹조검(綠鳥臉)]「요천궁(鬧天宮)」

427. 포증(包拯)[흑백음양검(黑白陰陽臉)]「탐양산(探陽山)」

3. 색깔별

1) 홍색

2. 진기(陳奇)[홍화삼괴와검(紅花三塊瓦臉)]「항아분월(嫦娥奔月)」

5. 문중(聞中)[홍육분검(紅六分臉)]「대회조(大回朝)」

6. 강상(姜尙)[노홍정검(老紅整臉)]「위수하(渭水河)」

13. 위강(魏絳)[노홍삼괴와검(老紅三塊瓦臉)]「조씨고아(趙氏孤兒)」

14. 영고숙(潁考叔)[홍삼괴와검(紅三塊瓦臉)]「벌자도(伐子都)」

16. 도안고(屠岸賈)[홍십자문화검(紅十字門花臉)]「팔의도(八義圖)」

22. 염파(廉頗)[노홍육분검(老紅六分臉)]「장상화(將相和)」

34. 오한(吳漢)[홍삼괴와검(紅三塊瓦臉)]「취낙양(取洛陽)」

36. 왕원(王元)[홍원보검(紅元寶臉)]「취낙양(取洛陽)」

39. 소헌(蘇獻)[노홍육분검(老紅六分臉)]「취낙양(取洛陽)」

42. 관우(關羽)[홍정검(紅整臉)]「화용도(華容道)」

47. 엄안(嚴顔)[노홍육분검(老紅六分臉)]「과파주(過巴州)」

48. 사마가(沙摩柯)[홍쇄화검(紅碎花臉)]「연영채(連營寨)」

49. 강유(姜維)[홍삼괴와검(紅三塊瓦臉)]「철롱산(鐵籠山)」

58. 조홍(曹洪)[홍쇄화검(紅碎花臉)]「장판파(長坂坡)」

67. 사마사(司馬師)[홍십자문화검(紅十字門花臉)]「철롱산(鐵籠山)」

73. 황개(黃盖)[홍육분검(紅六分臉)]「군영회(群英會)」

80. 주처(周處)[홍쇄화검(紅碎花臉)]「제삼해(除三害)」

86. 동환(董環)[홍쇄화검(紅碎花臉)]「고가루(賈家樓)」

89. 양림(楊林)[노홍육분검(老紅六分臉)]「타등주(打登州)」

90. 진영(秦英)[홍상형조검(紅象形鳥臉)]「금수교(金水橋)」

97. 파란(巴蘭)[홍삼괴와노검(紅三塊瓦老臉)]「백화공주(百花公主)」

106. 이극용(李克用)[홍육분검(紅六分臉)]「아관루(雅观樓)」

107. 맹각해(孟覺海)[홍쇄화검(紅碎花臉)]「소타국(少陀國)」

109. 곽자의(郭子儀)[노홍육분검(老紅六分臉)]「만상홀(滿床笏)」

110. 주덕위(周德威)[홍삼괴와검(紅三塊瓦臉)]「오룡두(五龍斗)」

115. 조광윤(趙匡胤)[홍정검(紅整臉)]「용호두(龍虎斗)」

119. 한창(韓昌)[홍쇄화검(紅碎花臉)]「금사탄(金莎灘)」

121. 맹량(孟良)[홍십자문호로검(紅十字門芦蘆臉)]「목가채(穆柯寨)」

126. 부룡(傅龍)[노홍육분검(老紅六分臉)]「장원매(壯元媒)」

138. 노방(盧方)[노홍삼괴와검(老紅三塊瓦臉)]「삼협오의(三俠五義)」

150. 진명(秦明)[홍쇄화검(紅碎花臉)]「청주부(靑州府)」

155. 관승(關勝)[홍삼괴와검(紅三塊瓦臉)]「수관승(收關勝)」

175. 하원경(何元慶)[홍화삼괴와검(紅花三塊瓦臉)]「서오산(栖梧山)」

177. 이정지(李廷芝)[홍원보검(紅元寶臉)]「정기가(正氣歌)」

184. 적복수(赤福壽)[홍첨삼괴와검(紅尖三塊瓦臉)]「취금릉(取金陵)」

185. 완안용(完顏龍)[홍쇄화검(紅碎花臉)]「관용주(串龍珠)」

186. 안패위(顏佩韋)[홍원보검(紅元寶臉)]「오인의(五人義)」

192. 유근(劉瑾)[홍태감검(紅太監臉)]「법문사(法門寺)」

197. 유종민(劉宗敏)[홍삼쇄괴와검(紅三碎塊瓦臉)]「틈왕기(闖王旗)」

198. 학요기(郝搖旗)[유홍정검(揉紅整臉)]「틈왕기(闖王旗)」

200. 하부장(夏副將)[홍원보검(紅元寶臉)]「백수탄(白水灘)」

208. 복대용(濮大勇)[홍쇄화검(紅碎花臉)]「구룡배(九龍杯)」

209. 황삼태(黃三太)[노홍삼괴와검(老紅三塊瓦臉)]「영웅회(英雄會)」

212. 파영태(巴永泰)[홍첨삼괴와검(紅尖三塊瓦臉)]「연환투(連環套)」

218. 등구공(鄧九公)[노홍삼괴와검(老紅三塊瓦臉)]「이해오(里海塢)」

221. 재신(財神)[홍신선검(紅神仙臉)]「대사복(大賜福)」

223. 영관(靈官)[홍신선전(紅神仙臉)]「비파동(琵琶洞)」

224. 앙일계(昂日鷄)[홍상형조검(紅象形鳥臉)]「비파동(琵琶洞)」

226. 이천왕(李天王)[홍첨삼괴와신선검(紅尖三塊瓦神仙臉)]

「쌍심두(雙心斗)」

228. 제천대성(齊天大聖)[홍상형검(紅象形臉)]「요천궁(鬧天宮)」

232. 유천군(劉天君)[홍삼괴와검(紅三塊瓦臉)]「요천궁(鬧天宮)」

239. 통비원(通臂猿)[홍상형검(紅象形臉)]「안천회(安天會)」

252. 금전표(金錢豹)[금상형검(金象形臉)]「홍매산(紅梅山)」

263. 한종리(漢鍾離)[홍신선전(紅神仙臉)]「팔선과해(八仙過海)」

270. 태을진인(太乙眞人)[홍삼괴와신선검(紅三塊瓦神仙臉)]

「건원산(乾元山)」

275. 금오(金烏)[홍상형조검(紅象形鳥臉)]「천향경절(天香庆节)」

282. 마리홍(魔里紅)[홍쇄신선검(紅碎神仙臉)]「가몽관(佳夢關)」

285. 양임(楊任)[홍화삼괴와신선검(紅花三塊瓦神仙臉)]

「천운관(穿云關)」

311. 진성공(晋成公)[노홍삼괴와검(老紅三塊瓦臉)]「적영회(摘纓會)」

314. 극극(郤克)[홍삼괴와검(紅三塊瓦臉)]「희숭대(喜崇臺)」

316. 심윤술(沈尹戌)[홍삼괴와검(紅三塊瓦臉)]「곡진정(哭秦庭)」

325. 신후(申侯)[홍산괴와검(紅三塊瓦臉)]「봉화대(烽火臺)」

342. 장회강(張懷江)[노홍육분검(老紅六分臉)]「한명비(漢明妃)」

344. 마동(馬僮)[유홍검(揉紅臉)]「한명비(漢明妃)」

346. 원소(袁紹)[노홍삼괴와검(老紅三塊瓦臉)] 「사수관(汜水關)」

350. 한덕(韓德)[노홍삼괴와검(老紅三塊瓦臉)] 「봉명관(鳳鳴關)」

352. 문빙(文聘)[노홍삼괴와검(老紅三塊瓦臉)] 「장판파(長坂坡)」

357. 관우(關羽)1[홍정검(紅整臉)]

358. 관우2

359. 관우3

360. 관우4

366. 조홍(曹洪)[홍삼괴와검(紅三塊瓦臉)] 「장판파(長坂坡)」

392. 사마사(司馬師)[홍화삼괴와검(紅花三塊瓦臉)] 「홍핍궁(紅逼宮)」

394. 고담성(高談聖)[홍삼괴와검(紅三塊瓦臉)] 「광릉회(廣陵會)」

397. 하방(賀方)[홍삼괴와검(紅三塊瓦臉)] 「타등주(打登州)」

399. 맹해공(孟海公)[홍삼괴와검(紅三塊瓦臉)] 「광릉회(廣陵會)」

410. 혜명(惠明)[유홍승검(揉紅僧臉)] 「서상기(西廂記)」

411. 조광윤(趙匡胤)[홍정검(紅整臉)] 「참황포(斬黃袍)」

413. 고행주(高行周)[노황육분검(老紅六分臉)] 「고평관(高平關)」

417. 조광윤(趙匡胤)[홍정검(紅整臉)] 「고평관(高平關)」

422. 이원호(李元昊)[홍삼괴와검(紅三塊瓦臉)] 「하왕비가(夏王悲歌)」

430. 소번(小番)[유홍영웅검(揉紅英雄臉)] 「사낭탐모(四郎探母)」

444. 파라(波羅)[홍삼괴와검(紅三塊瓦老臉)] 「쌍양공주(雙陽公主)」

446. 곽광청(郭廣淸)[유홍정검(揉紅整臉)] 「천용주(串龙珠)」

455. 주감군(周監軍)[홍태감검(紅太監臉)] 「봉환소(鳳還巢)」

483. 종규(鍾馗)[홍화원보검(紅花元寶臉)] 「가매(嫁妹)」

487. 마천군(馬天君)[홍화삼괴와검(紅花三塊瓦臉)]
「대뇨천궁(大鬧天宮)」

496. 한종리(漢鍾離)[홍승검(紅僧臉)]「팔선경수(八仙慶壽)」

505. 화판(火判)[홍금화원보검(紅金花元寶臉)]「구연등(九蓮燈)」

507. 홍앵무(紅鸚鵡)[홍상형조검(紅象形鳥臉)]「백조조봉(百鳥朝鳳)」

519. 우금구(牛金牛)[홍상형검(紅象形臉)]「서유기(西遊記)」

521. 각목교(角木狡)[홍쇄화검(紅碎花臉)]「서유기(西遊記)」

525. 참수원(參水猿)[분홍상형검(粉紅象形臉)]「서유기(西遊記)」

529. 자화후(觜火猴)[홍상형검(紅象形臉)]「서유기(西遊記)」

535. 저토맥(氐土貉)[분홍상형검(粉紅象形臉)]「서유기(西遊記)」

538. 종규(鐘馗)[홍원보검(紅元寶臉)]「가매(嫁妹)」

543. 주작(朱雀)[홍금상형조검(紅金象形鳥臉)]「백조조봉(百鳥朝鳳)」

548. 유천군(劉天君)[홍금삼괴와검(紅金三塊瓦臉)]「요천궁(鬧天宮)」

553. 이천왕(李天王)[홍삼괴와신선검(紅三塊瓦神仙臉)]
    「안천회(安天會)」

565. 미후왕(美猴王)[홍상형검(紅象形臉)]「서유기(西遊記)」

566. 금계선(金鷄仙)[홍상형검(紅象形臉)]「서유기(西遊記)」

2) 황색

4. 토행손(土行孫)[황상형검(黃象形臉)]「삼산관(三山關)」

19. 희료(姬僚)[황삼괴와노검(黃三塊瓦老臉)]「어장검(魚腸臉)」

29. 영포(英布)[황쇄화검(黃碎花臉)]「구리산(九里山)」

55. 전위(典韋)[황화삼괴와검(黃花三塊瓦臉)]「박망파(博望坡)」

85. 금갑(金甲)[황쇄화검(黃碎花臉)]「고가루(賈家樓)」

99. 우문성도(宇文成都)[황화삼괴와검(黃花三塊瓦臉)]

「남양관(南陽關)」

101. 황반(黃胖)[황승검(黃僧臉)]「파락화(巴駱和)」

142. 조개(晁盖)[황삼괴와노검(黃三塊瓦老臉)]「심양루(潯陽樓)」

148. 왕영(王英)[황화삼괴와검(黃花三塊瓦臉)]「청풍산(淸風山)」

154. 탕륭(湯隆)[황쇄화검(黃碎花臉)]「안령갑(雁翎甲)」

156. 양림(楊林)[황화원보검(黃花元寶臉)]「석수탐장(石秀探庄)」

181. 목영(沐英)[황쇄화검(黃碎花臉)]「취금릉(取金陵)」

210. 하로통(何路通)[황쇄화검(黃碎花臉)]「패왕장(霸王庄)」

220. 두호(竇虎)[황왜화검(黃歪花臉)]「기사묘(虮蠟廟)」

248. 황포괴(黃袍怪)[황상형검(黃象形臉)]「옥상국(玉象國)」

287. 황명(黃明)[황화삼괴와검(黃花三塊瓦臉)]「반오관(反五關)」

290. 황천화(黃天化)[황화삼괴와검(黃花三塊瓦臉)]「청룡관(靑龍關)」

292. 황룡진인(黃龍眞人)[황삼괴와검(黃三塊瓦臉)]「만선진(萬仙鎭)」

300. 진왕정(秦王政)[황쇄팔보검(黃碎八寶臉)]「황핍궁(黃逼宮)」

310. 수작(竪勺)[황태감검(黃太監臉)]「병탑논상(病榻論相)」

319. 부개(夫槪)[황화삼괴와검(黃花三塊瓦臉)]「곡진정(哭秦庭)」

353. 전위(典韋)[황화삼괴와검(黃花三塊瓦臉)]「전완성(戰宛城)」

374. 전위(典韋)[황화삼괴와검(黃花三塊瓦臉)]「전완성(戰宛城)」

386. 악진(樂進)[황쇄화검(黃碎花臉)]「장판파(長坂坡)」

398. 설량(薛亮)[황화삼괴와검(黃花三塊瓦臉)]「타등주(打登州)」

414. 구양방(歐陽芳)[황삼괴와노검(黃三塊瓦老臉)]「하하동(下河東)」

445. 완안룡(完顔龍)[황화삼괴와검(黃花三塊瓦臉)]「천용주(串龙珠)」

450. 목영(沐英)[황상형조검(黃象形鳥臉)]「취금릉(取金陵)」

459. 황삼태(黃三太)[황삼괴와노검(黃三塊瓦老臉)]「영웅회(英雄會)」

474. 진천호(鎭天虎)[황왜화검(黃歪花臉)] 「세부산(洗浮山)」

481. 하천표(賀天豹)[황삼괴와검(黃三塊瓦臉)] 「연환투(連環套)」

522. 규목랑(奎木狼)[황화검(黃花臉)] 「서유기(西遊記)」

527. 기수표(箕水豹)[황화상형검(黃花象形臉)] 「서유기(西遊記)」

559. 황호선(黃虎仙)[황상형검(黃象形臉)] 「서유기(西遊記)」

3) 백색

7. 숭후호(崇侯虎)[백화삼괴와검(白花三塊瓦臉)] 「진달기(進妲己)」

17. 수고(須賈)[백첨삼괴와검(白尖三塊瓦臉)] 「증제포(贈綈袍)」

23. 이리(伊理)[백태감검(白太監臉)] 「황금대(黃金臺)」

24. 호상(胡傷)[백화삼괴와검(白花三塊瓦臉)] 「장상화(將相和)」

26. 조고(趙高)[수백정검(水白整臉)] 「우주봉(宇宙鋒)」

35. 곽영(郭榮)[수백정검(水白整臉)] 「초교관(草轎關)」

52. 등애(鄧艾)[백첨삼괴와검(白尖三塊瓦臉)] 「단산곡(壇山谷)」

53. 조조(曹操)[수백정검(水白整臉)] 「군영회(群英會)」

60. 서조(徐晃)[백첨노삼괴와검(白尖老三塊瓦臉)] 「주맥성(走麥城)」

62. 채양(蔡陽)[백첨노삼괴와검(白尖老三塊瓦臉)] 「고성회(古城會)」

65. 사마의(司馬懿)[수백정검(水白整臉)] 「공성계(空城計)」

69. 동탁(董卓)[수백정검(水白整臉)] 「봉의정(鳳儀亭)」

70. 마속(馬謖)[유백삼괴와검(油白三塊瓦臉)] 「실가정(失街亭)」

74. 손권(孫權)[수백정검(水白整臉)] 「감로사(甘露寺)」

78. 주태(周泰)[백첨삼괴와검(白尖三塊瓦臉)] 「연영채(連營寨)」

96. 안전보(安殿保)[백첨삼괴와검(白尖三塊瓦臉)] 「독목교(獨木橋)」

98. 하천룡(賀天龍)[백첨삼괴와검(白尖三塊瓦臉)]「안탕산(雁蕩山)」

100. 포자안(鮑自安)[백노삼괴와검(白老三塊瓦臉)]「파락화(巴駱和)」

102. 개소문(盖蘇文)[백화삼괴와검(白花三塊瓦臉)]「마천령(摩天岭)」

118. 천경왕(天慶王)[수백정검(水白整臉)]「양배풍(楊排風)」

120. 백천좌(白天佐)[백화삼괴와검(白花三塊瓦臉)]「파홍주(破洪州)」

123. 양연덕(楊延德)[백승검(白僧臉)]「오태산(五台山)」

127. 번홍(潘洪)[수백정검(水白整臉)]「청관책(淸官冊)」

136. 왕문(王文)[백첨삼괴와검(白尖三塊瓦臉)]「양문여장(楊門女將)」

144. 노지심(魯智深)[백승검(白僧臉)]「야저림(野猪林)」

160. 축표(祝彪)[백왜화검(白歪花臉)]「삼타축가장(三打祝家庄)」

161. 장순(張順)[백화삼괴와검(白花三塊瓦臉)]「료강주(鬧江州)」

165. 고등(高登)[유백첨삼괴와검(油白尖三塊瓦臉)]「안령갑(雁翎甲)」

166. 고구(高俅)[수백정검(水白整臉)]「야저림(野猪林)」

170. 시계(柴桂)[백첨삼괴와검(白尖三塊瓦臉)]「구현감(求賢鑒)」

204. 학문승(郝文僧)[자승검(白僧臉)]「동창부(東唱府)」

214. 화득뢰(花得雷)[백첨삼괴와검(白尖三塊瓦臉)]「악호촌(惡虎村)」

217. 채천화(蔡天化)[백화삼괴와검(白花三塊瓦臉)]「회안부(淮安府)」

231. 마천군(馬天君)[백화삼괴와검(白花三塊瓦臉)]「요천궁(鬧天宮)」

236. 백호(白虎)[백상형검(白象形臉)]「요천궁(鬧天宮)」

240. 백원(白猿)[백상형검(白象形臉)]「팔선두백원(八仙斗白猿)」

250. 묘신(猫神)[백상형검(白象形臉)]「사타령(獅駝嶺)」

251. 백상(白象)[백상형검(白象形臉)]「무저동(无底洞)」

254. 백일무(白日鵡)[백상형검(白象形臉)]「백초산(百草山)」

257. 오광(敖廣)[백삼괴와노검(白三塊瓦老臉)]「수염동(水帘洞)」

264. 옥토(玉兎)[백상형검(白象形臉)]「항아분월(嫦娥奔月)」

266. 효천견(哮天犬)[백상형검(白象形臉)]「안천회(安天會)」

272. 학동(鶴童)[백상형검(白象形臉)]「도선초(盜仙草)」

278. 오병(敖丙)[백상형검(白象形臉)]「진당관(陳塘關)」

293. 초승(肖升)[백삼괴와검(白三塊瓦臉)]「황하진(黃河陣)」

304. 제환공(齊桓公)[백화삼괴와검(白花三塊瓦臉)]

    「관포분금(管鮑分金)」

315. 초평왕(楚平王)[백삼괴와왜검(白三塊瓦歪臉)]「초궁한(楚宮恨)」

332. 진시황(秦始皇)[수백정검(水白整臉)]「형가전(荊軻傳)」

340. 모연수(毛延壽)[수백정검(水白整臉)]「한명비(漢明妃)」

341. 장수신(張守信)[백화삼괴와검(白花三塊瓦臉)]「한명비(漢明妃)」

345. 화웅(華雄)[백삼괴와검(白三塊瓦臉)]「사수관(汜水關)」

364. 관평(關平)[백삼괴와검(白三塊瓦臉)]「수업칠군(水淹七軍)」

367. 조조(曹操)[수백정검(水白整臉)]「전위수(戰渭水)」

381. 조조(曹操)1[수백정검(水白整臉)]「전위수(戰渭水)」

382. 조조(曹操)2[수백정검(水白整臉)]「전완성(戰宛城)」

383. 조조(曹操)3[수백정검(水白整臉)]「양평관(陽平關)」

384. 조조(曹操)4[수백정검(水白整臉)]「군영회(群英會)」

424. 위량신(魏良臣)[수백정검(水白整臉)]「양홍옥(梁紅玉)」

427. 포증(包拯)[흑백음양검(黑白陰陽臉)]「탐양산(探陽山)」

429. 갈등운(葛登雲)[수백정검(水白整臉)]「경림연(瓊林宴)」

436. 고등(高登)[백첨삼괴와검(白尖三塊瓦臉)]「염양루(艷陽樓)」

437. 교사(教師)1[백왜영웅검(白歪英雄臉)]「염양루(艷陽樓)」

441. 조등용(曹登龍)[백화삼괴와검(白花三塊瓦臉)]「흑선풍(黑旋風)」

443. 고등(高登)[백첨삼괴와검(白尖三塊瓦臉)]「염양루(艶陽樓)」

457. 장헌충(張獻忠)[백삼괴와검(白三塊瓦臉)]「여주성(廬州城)」

458. 이과(李過)[백삼괴와검(白三塊瓦臉)]「정아자호(貞娥刺虎)」

463. 화득뇌(花得雷)[백첨삼괴와검(白尖三塊瓦臉)]「계황장(溪皇庄)」

466. 학문(郝文)[백첨삼괴와검(白尖三塊瓦臉)]「악호촌(惡虎村)」

470. 부국은(傅國恩)[백첨삼괴와검(白尖三塊瓦臉)]「화춘원(畵春園)」

472. 우칠(于七)[백왜화검(白歪花臉)]「패왕장(覇王庄)」

493. 백앵무(白鸚鵡)[백상형검(白象形臉)]「백조조봉(百鳥朝鳳)」

498. 사오정(沙悟淨)[백승검(白僧臉)]「서유기(西遊記)」

501. 교정(蛟精)[백상형왜검(白象形歪臉)]「신중루(蜃中樓)」

504. 백룡선사(白龍禪師)[백승검(白僧臉)]「구회난(九回瀾)」

512. 방일토(房日兎)[백상형검(白象形臉)]「서유기(西遊記)」

514. 심월호(心月狐)[백상형검(白象形臉)]「서유기(西遊記)」

520. 귀금양(鬼金羊)[백상형검(白象形臉)]「서유기(西遊記)」

530. 실화저(室火猪)[백상형검(白象形臉)]「서유기(西遊記)」

531. 미화호(尾火虎)[백상형검(白象形臉)]「서유기(西遊記)」

533. 류토장(柳土獐)[백상형검(白象形臉)]「서유기(西遊記)」

542. 백호(白虎)[백상형검(白象形臉)]「대뇨천궁(大鬧天宮)」

560. 백토선(白兎仙)[백상형검(白象形臉)]「항아분월(嫦娥奔月)」

564. 백양정(白羊精)[백상형검(白象形臉)]「매화령(梅花岭)」

4) 흑색

8. 숭흑호(崇黑虎)[흑쇄화검(黑碎花臉)]「진달기(進妲己)」

10. 이극(里克)[흑쇄호접검(黑碎胡蝶臉)] 「밀봉계(蜜蜂計)」

15. 선멸(先篾)[흑십자문강차검(黑十字門鋼叉臉)] 「적영회(摘纓會)」

21. 이강(李剛)[흑십자문화검(黑十字門花臉)] 「경양도(慶陽圖)」

30. 항우(項羽)[흑십자문강차검(黑十字門鋼叉臉)]
　　「패왕별희(霸王別姬)」

33. 요기(姚期)[흑십자문노검(黑十字門老臉)] 「초교관(草轎關)」

38. 요강(姚剛)[흑십자문화검(黑十字門花臉)] 「황일도(黃一刀)」

41. 장비(張飛)[흑십자문호접검(黑十字門胡蝶臉)] 「호화탕(芦花蕩)」

51. 장포(張苞)[흑십자문화검(黑十字門花臉)] 「소도원(小桃園)」

54. 전위(典韋)[흑십자문화검(黑十字門花臉)] 「전완성(戰宛城)」

56. 하후연(夏候淵)[흑십자문화검(黑十字門花臉)] 「정군산(定軍山)」

57. 허저(許褚)[흑쇄화검(黑碎花臉)] 「장판파(長坂坡)」

61. 맹담(孟譚)[흑쇄화검(黑碎花臉)] 「과오관(過五關)」

64. 진기(秦琪)[흑왜쇄화검(黑歪碎花臉)] 「과오관(過五關)」

68. 곽회(郭淮)[흑쇄화검(黑碎花臉)] 「철롱산(鐵籠山)」

81. 위지보림(尉迟寶林)[흑십자문화검(黑十字門花臉)]
　　「백량관(白良關)」

84. 위지공(尉迟恭)[흑육분검(黑六分臉)] 「백량관(白良關)」

87. 이원패(李元霸)[흑상형조검(黑象形鳥臉)] 「사평산(四平山)」

91. 행문례(幸文禮)[흑쇄화검(黑碎花臉)] 「홍예관(虹霓關)」

93. 설강(薛剛)[흑쇄화검(黑碎花臉)] 「구석궁(九錫宮)」

94. 소보동(蘇寶童)[흑쇄화검(黑碎花臉)] 「계패관(界牌關)」

95. 설규(薛葵)[흑쇄화검(黑碎花臉)] 「서책포성(徐策跑城)」

104. 파걸(巴杰)[흑쇄화검(黑碎花臉)] 「파락화(巴駱和)」

112. 여홍(余洪)[흑쇄화검(黑碎花臉)]「죽림계(竹林計)」

113. 정자명(鄭子明)[흑왜화검(黑歪花臉)]「참황포(斬黃袍)」

114. 호연찬(呼延贊)[흑쇄화검(黑碎花臉)]「용호두(龍虎斗)」

117. 고왕(高旺)[흑십자문검(黑十字門臉)]「목호관(牧虎關)」

122. 초찬(焦贊)[흑십자문검(黑十字門臉)]「목가채(穆柯寨)」

124. 양연사(楊延嗣)[흑쇄화검(黑碎花臉)]「금사탄(金莎灘)」

125. 파약리(巴若里)[흑쇄화검(黑碎花臉)]「장원매(壯元媒)」

129. 포증(包拯)[흑정검(黑鄭臉)]「찰미안(鍘美案)」

131. 조호(趙虎)[흑쇄화검(黑碎花臉)]「찰미안(鍘美案)」

133. 장천룡(張天龍)[흑쇄상형검(黑碎象形臉)]「쌍사하(雙沙河)」

134. 호연경(呼延慶)[유흑쇄화검(揉黑碎花臉)]

「호연경타뢰(呼延慶打擂)」

145. 이규(李逵)[흑쇄화검(黑碎花臉)]「흑선풍(黑旋風)」

146. 백승(白勝)[상형무축검(象形武丑臉)]「생진강(生辰綱)」

149. 선찬(宣贊)[흑쇄화검(黑碎花臉)]「수관승(收關勝)」

151. 호연작(呼延灼)[흑쇄화검(黑碎花臉)]「연환마(連環馬)」

153. 주통(周通)[흑쇄화검(黑碎花臉)]「화전착(花田錯)」

171. 금선자(金蟬子)[흑금쇄화검(黑金碎花臉)]

「추진금선자(錘震金蟬子)」

172. 흑풍력(黑風力)[유흑영웅검(揉黑英雄臉)]「도활차(挑滑車)」

173. 우고(牛皋)[흑십자문화검(黑十字門花臉)]「비호몽(飛虎夢)」

174. 적뇌(狄雷)[흑쇄화검(黑碎花臉)]「팔대추(八大錘)」

176. 올술(兀述)[흑금쇄화검(黑金碎花臉)]「우두산(牛頭山)」

182. 장충(蔣忠)[흑화원보검(黑花元寶臉)]「백량루(百凉樓)」

189. 이칠(李七)[흑왜쇄화검(黑歪碎花臉)]「심칠장정(審七長亭)」

207. 김대력(金大力)[유흑정검(揉黑整臉)]「기사묘(虮蝻廟)」

222. 항금용(亢金龍)[흑상형검(黑象形臉)]「사주성(泗州城)」

229. 조천군(趙天君)[흑육분화검(黑六分花臉)]「요천궁(鬧天宮)」

233. 거영신(巨靈神)[흑화원보검(黑花元寶臉)]「요천궁(鬧天宮)」

238. 묵후(墨睺)[흑상형검(黑象形臉)]「석후출세(石猴出世)」

242. 살신(煞神)[흑화원보검(黑花元寶臉)]「안천회(安天會)」

243. 지살(地煞)[흑신선검(黑神仙臉)]「경림연(瓊林宴)」

246. 저팔계(豬八戒)[유흑상형검(揉黑象形臉)]「류사하(流沙河)」

277. 하걸왕(夏桀王)[흑쇄화검(黑碎花臉)]「하정충간(夏庭忠谏)」

286. 여화(余化)[흑쇄화검(黑碎花臉)]「반오관(反五關)」

288. 주기(周紀)[흑쇄화검(黑碎花臉)]「반오관(反五關)」

289. 구인[흑화상형검(黑花象形臉)]「청룡관(靑龍關)」

299. 선멸(先蔑)[흑십자문화검(黑十字門花臉)]「적영회(摘纓會)」

312. 선멸(先蔑)[흑십자문화검(黑十字門花臉)]「적영회(摘纓會)」

313. 선곡(先穀)[흑십자문화검(黑十字門花臉)]「영양관(榮陽關)」

321. 무성흑(武城黑)[흑쇄화검(黑碎花臉)]「전번성(戰樊城)」

323. 오신(伍辛)[흑십자문화검(黑十字門花臉)]「와호산(臥虎山)」

327. 염파(廉頗)[흑십자문화검(黑十字門花臉)]「장상화(將相和)」

330. 백기(白起)[흑쇄화검(黑碎花臉)]「황금대(黃金臺)」

331. 왕전(王翦)[흑육분검(黑六分臉)]「오뇌진(五雷陣)」

333. 항우(項羽)1[흑십자문강차검(黑十字門鋼叉臉)]

　　 「패왕별희(覇王別姬)」

334. 항우(項羽)2

335. 항우(項羽)3

336. 항우(項羽)4

337. 항우(項羽)5

338. 항우(項羽)6

351. 하후연(夏侯淵)[흑쇄왜화검(黑碎歪花臉)]「정군산(定軍山)」

354. 허저(許褚)[흑쇄화검(黑碎花臉)]「장판파(長坂坡)」

355. 하후연(夏侯淵)[흑쇄왜화검(黑碎歪花臉)]「정군산(定軍山)」

356. 하후연[흑십자문화검(黑十字門花臉)]「정군산(定軍山)」

363. 주창(周倉)[흑쇄호접검(黑碎蝴蝶臉)]「정군산(定軍山)」

369. 장비(張飛)1[흑십자문화검(黑十字門花臉)]「고성회(古城會)」

370. 장비(張飛)2

371. 장비(張飛)3

372. 장비(張飛)4「조백포(造白袍)」

373. 허저(許褚)[흑쇄화검(黑碎花臉)]「장판파(長坂坡)」

377. 문축(文丑)[흑쇄화검(黑碎花臉)]「전연진(戰延津)」

380. 맹획(孟獲)[흑금화검(黑金花臉)]「칠금맹획(七擒孟獲)」

403. 설강(薛剛)[흑쇄화검(黑碎花臉)]「설강반서(薛剛反唐)」

404. 양반(楊藩)[흑쇄화검(黑碎花臉)]「번리화(樊梨花)」

405. 이원패(李元覇)[흑금조검(黑金鳥臉)]「사평산(四平山)」

408. 호로대왕(葫蘆大王)[흑십자문호로검(黑十字門葫蘆臉)]「마천령(摩天嶺)」

412. 정자명(鄭子明)[흑쇄왜화검(黑碎歪花臉)]「참황포(斬黃袍)」

416. 양연사(楊延嗣)[흑화검(黑花臉)]「금사탄(金沙灘)」

418. 왕언장(王彦章)[흑금상형화검(黑金象形花臉)]「쌍관성(雙觀星)」

419. 정자명(鄭子明)[흑쇄왜화검(黑碎歪花臉)]「참황포(斬黃袍)」

420. 호연찬(呼延贊)[흑쇄화검(黑碎花臉)]「용호두(龍虎斗)」

421. 양연사(楊延嗣)[흑쇄화검(黑碎花臉)]「탁조팽비(托兆碰碑)」

425. 포증(包拯)[흑정검(黑整臉)]「조분기(烏盆記)」

426. 포증(包拯)[흑정검(黑整臉)]「타용포(打龍袍)」

428. 가포증(暇包拯)[흑정검(黑整臉)]「오화동(五花洞)」

438. 교사(教師)2[흑왜영웅검(黑歪英雄臉)]「염양루(艷陽樓)」

447. 진우걸(陳友杰)([흑쇄화검(黑碎花臉)]「전태평(戰太平)」

451. 호대해(胡大海)[흑쇄화검(黑碎花臉)]「취금릉(取金陵)」

453. 장충(蔣忠)[흑쇄화검(黑碎花臉)]「백량루(百凉樓)」

454. 장충(蔣忠)[흑금화원보검(黑金花元寶臉)]「백량루(百凉樓)」

461. 무칠달자(武七韃子)[흑쇄화검(黑碎花臉)]「비천관(飛天關)」

464. 장왕(蔣旺)[흑쇄왜화검(黑碎歪花臉)]「계황장(溪皇庄)」

475. 진천호(鎮天虎)[흑왜화검(黑歪花臉)]「세부산(洗浮山)」

476. 진천표(鎮天豹)[흑왜화검(黑歪花臉)]「세부산(洗浮山)」

484. 종규(鍾馗)[흑화원보검(黑花元寶臉)]「가매(嫁妹)」

494. 합마정(蛤蟆精)[흑쇄화검(黑碎花臉)]「오화동(五花洞)」

499. 재마(財魔)[흑상형검(黑象形臉)]「강사마(降四魔)」

502. 오룡(烏龍)[흑금상형검(黑金象形臉)]「화광료화등(華光鬧花燈)」

515. 필월오(畢月烏)[흑상형검(黑象形臉)]「서유기(西遊記)」

526. 진수인(蔮水蚓)[흑상형검(黑象形臉)]「서유기(西遊記)」

540. 살신(煞神)[흑화검(黑花臉)]「경림연(琼林宴)」

544. 거령(巨靈)[흑금쇄화검(黑金碎花臉)]「대뇨천궁(大鬧天宮)」

546. 조천군(趙天君)[흑금화검(黑金花臉)]「요천궁(鬧天宮)」

554. 증복재신(增福財神)[흑금화원보검(黑金花元寶臉)]
　　「재원부주(財源輻輳)」
556. 대귀(大鬼)[흑화상형검(黑花象形臉)]「활유산(滑油山)」
568. 주자정(朱子貞)[흑상형검(黑象形臉)]「매화령(梅花岭)」

5) 남색

9. 종리춘(鍾離春)[남쇄여화검(藍碎女花臉)]「상강회(湘江會)」
12. 뇌진자(雷震子)[남상형검(藍象形臉)]「백자도(百子圖)」
27. 왕릉(王陵)[남삼괴와검(藍三塊瓦臉)]「황금인(黃金印)」
40. 마무(馬武)[남쇄화검(藍碎花臉)]「취낙양(取洛陽)」
75. 여몽(呂夢)[남첨삼괴와검(藍尖三塊瓦臉)]「주맥성(走麥城)」
77. 장흠(蔣欽)[남첨삼괴와검(藍尖三塊瓦臉)]「감로사(甘露寺)」
83. 단웅신(單雄信)[남쇄화검(藍碎花臉)]「쇄오룡(鎖五龍)」
103. 성성단(猩猩胆)[남쇄상형검(藍碎象形臉)]「어니하(淤泥河)」
137. 한 장(韓章)[남삼괴와검(藍三塊瓦臉)]「삼협오의(三俠五義)」
143. 유당(劉唐)[남십자문호로검(藍十字門芦蘆臉)]「심양루(潯陽樓)」
147. 양지(楊志)[남쇄화검(藍碎花臉)]「생진강(生辰綱)」
152. 색초(索超)[남삼괴와검(藍三塊瓦臉)]「대명부(大名府)」
159. 축호(祝虎)[남쇄화검(藍碎花臉)]「삼타축가장(三打祝家庄)」
180. 은안승(銀眼僧)[남승검(藍僧臉)]「이용산(二龍山)」
188. 화모(花母)[남쇄녀화검(藍碎女花臉)]「관용주(串龍珠)」
203. 두이돈[남화삼괴와검(藍花三塊瓦臉)]「연환투(連環套)」
205. 사호(謝虎)[남화삼괴와검(藍花三塊瓦臉)]「일지도(一支桃)」

211. 황룡기(黃龍基)[남첨화삼괴와검(藍尖花三塊瓦臉)]
「낙마호(落馬湖)」

213. 초진원(焦振遠)[남첨괴와검(藍尖塊瓦臉)] 「검봉산(劍鋒山)」

234. 청룡(青龍)[남상형검(藍象形臉)] 「요천궁(鬧天宮)」

241. 천강(天罡)[남신선검(藍神仙臉)] 「안천회(安天會)」

244. 뇌공(雷公)[남상조검(藍象形鳥臉)] 「요천궁(鬧天宮)」

247. 사오정(沙悟淨)[남승검(藍僧臉)] 「고노장(高老庄)」

267. 금두대선(金頭大仙)[남금상형검(藍金象形臉)] 「오화동(五花洞)」

280. 고명(高明)[남화삼괴와검(藍花三塊瓦臉)] 「매화령(梅花岭)」

295. 진구공(陳九公)[남화원보검(藍花元寶臉)] 「황하진(黃河陣)」

301. 모분(毛賁)[남쇄화검(藍碎花臉)] 「오뇌진(五雷陣)」

302. 진비(晋鄙)[남화삼괴와노검(藍花三塊瓦老臉)] 「절병부(竊兵符)」

303. 종리춘(鍾離春)[남쇄여화검(藍碎女花臉)] 「상강회(湘江會)」

305. 정안평(鄭安平)[남쇄화검(藍碎花臉)] 「증제포(贈绨袍)」

317. 요어(繇於)[남삼괴와검(藍三塊瓦臉)] 「곡진정(哭秦庭)」

320. 공자개(公子凱)[남화삼괴와검(藍花三塊瓦臉)] 「곡진정(哭秦庭)」

324. 남궁적(南宮適)[남화삼괴와검(藍花三塊瓦臉)] 「위수하(渭水河)」

329. 류개(柳盖)[남쇄화검(藍碎花臉)] 「상강회(湘江會)」

339. 단우왕(單于王)[남화삼괴와검(藍花三塊瓦臉)] 「한명비(漢明妃)」

385. 하후란(夏候蘭)[남화삼괴와검(藍花三塊瓦臉)] 「박망파(博望坡)」

391. 하후돈(夏候惇)[남쇄왜화검(藍碎歪花臉)] 「박망파(博望坡)」

396. 두건덕(竇建德)[남삼괴와검(藍三塊瓦臉)] 「광릉회(广陵會)」

433. 금안승(金眼僧)[남화승검(藍花僧臉)] 「이용산(二龍山)」

440. 교사(教師)4[남왜영웅검(藍歪英雄臉)] 「염양루(艶陽樓)」

460. 좌청룡(左靑龍)[남삼괴와검(藍三塊瓦臉)]「청풍산(靑風山)」

467. 남맹(藍猛)[남첨삼괴와검(藍尖三塊瓦臉)]「오녀금람(五女擒藍)」

468. 남용(藍勇)[남쇄화검(藍碎花臉)]「오녀금람(五女擒藍)」

471. 우육(于六)[남삼괴와검(藍三塊瓦臉)]「세부산(洗浮山)」

473. 진천룡(鎭天龍)[남왜화검(藍歪花臉)]「세부산(洗浮山)」

477. 두이돈(竇尔敦)1[남화삼괴와검(藍花三塊瓦臉)]「연환투(連環套)」

478. 두이돈(竇尔敦)2

479. 두이돈(竇尔敦)3

480. 두이돈(竇尔敦)4

488. 온천군(溫天君)[남화삼괴와검(藍花三塊瓦臉)]

　　「대뇨천궁(大鬧天宮)」

510. 성일마(星日馬)[남상형검(藍象形臉)]「서유기(西遊記)」

516. 위월연(危月燕)[남상형검(藍象形臉)]「서유기(西遊記)」

523. 정목안(井木犴)[남상형검(藍象形臉)]「서유기(西遊記)」

528. 벽수유(壁水㺄)[남화상형검(藍花象形臉)]「서유기(西遊記)」

555. 살신(煞神)[남쇄화검(藍碎花臉)]「경림연(琼林宴)」

561. 용왕(龍王)[남상형검(藍象形臉)]「서유기(西遊記)」

562. 청사(靑蛇)[남상형검(藍象形臉)]「매화령(梅花岭)」

6) 녹색

1. 정윤(鄭倫)[녹첨삼괴와검(綠尖三塊瓦臉)]「청룡관(靑龍關)」

31. 팽월(彭越)[녹쇄화검(綠碎花臉)]「구리산(九里山)」

37. 우막(牛邈)[녹쇄화검(綠碎花臉)]「비차진(飛杈陣)」

50. 하후연(夏候淵)[녹쇄화검(綠碎花臉)] 「정군산(定軍山)」

76. 태사자(太史慈)[녹쇄화검(綠碎花臉)] 「군영회(群英會)」

82. 정교금(程咬金)[녹쇄화검(綠碎花臉)] 「고가루(賈家樓)」

92. 두일호(竇一虎)[녹쇄화검(綠碎花臉)] 「기반산(棋盤山)」

105. 주온(朱溫)[녹화삼괴와검(綠花三塊瓦臉)] 「아관루(雅观樓)」

111. 왕언장(王彦章)[녹쇄화상형검(綠碎花象形臉)] 「주염채(珠帘寨)」

139. 서경(徐慶)[녹쇄화검(綠碎花臉)] 「삼협오의(三俠五義)」

157. 축룡(祝龍)[녹쇄화검(綠碎花臉)] 「삼타축가장(三打祝家庄)」

162. 예영(倪英)[녹쇄화검(綠碎花臉)] 「경정주(慶頂珠)」

163. 서세영(徐世英)[녹쇄화검(綠碎花臉)] 「염양루(艷陽樓)」

202. 하천표(賀天彪)[녹쇄화검(綠碎花臉)] 「도어마(盜御馬)」

215. 무천규(武天虬)[녹쇄화검(綠碎花臉)] 「계황장(溪皇庄)」

230. 온천군(溫天君)[녹쇄화검(綠碎花臉)] 「요천궁(鬧天宮)」

249. 청사(靑獅)[녹상형검(綠象形臉)] 「사타령(獅駝嶺)」

253. 공선(孔宣)[녹상형검(綠象形臉)] 「백초산(百草山)」

255. 통작조(通雀鳥)[녹상형검(綠象形臉)] 「백초산(百草山)」

256. 대붕(大鵬)[녹상형검(綠象形臉)] 「사타령(獅駝嶺)」

262. 유정(柳精)[녹금쇄화검(綠金碎花臉)] 「팔선과해(八仙過海)」

265. 뇌단선(賴團仙)[녹상형검(綠象形臉)] 「오화동(五花洞)」

268. 갈선(蝎仙)[녹상형검(綠象形臉)] 「오화동(五花洞)」

271. 녹동(鹿童)[녹형상검(綠象形臉)] 「도선초(盜仙草)」

274. 치우(蚩尤)[녹쇄화검(綠碎花臉)] 「평치우(平蚩尤)」

291. 용수호(龍須虎)[녹상형검(綠象形臉)] 「공동관(功潼關)」

296. 요소사(姚少司)[녹당원보검(綠膛元寶臉)] 「황하진(黃河陣)」

326. 견융왕(犬戎王)[녹화삼괴와검(綠花三塊瓦臉)]「봉화대(烽火臺)」

365. 두습(杜襲)[녹화검(綠花臉)]「양평관(陽平關)」

375. 태사자(太史慈)[녹화검(綠花臉)]「군영회(群英會)」

393. 주찬(朱燦)[녹쇄왜화검(綠碎歪花臉)]「남양관(南陽關)」

407. 정교금(程咬金)[녹화삼괴와검(綠花三塊瓦臉)]「향마전(響馬傳)」

409. 두일호(竇一虎)[녹화검(綠花臉)]「기반산(棋盤山)」

435. 청면호(靑面虎)[녹화검(綠花臉)]「염양루(艷陽樓)」

439. 교사(教師)3[녹왜영웅검(綠歪英雄臉)]「염양루(艷陽樓)」

442. 예영(倪榮)[녹화삼괴와검(綠花三塊瓦臉)]「타어살가(打漁殺家)」

448. 진우표(陳友豹)[녹화삼괴와검(綠花三塊瓦臉)]「전태평(戰太平)」

482. 석주(石鑄)[녹금화검(綠金花臉)]「도도화어마(盜桃花御馬)」

508. 녹앵무(綠鸚鵡)[녹상형조검(綠象形鳥臉)]「백조조봉(百鳥朝鳳)」

513. 방월록(張月鹿)[녹상형검(綠象形臉)]「서유기(西遊記)」

532. 익화사(翼火蛇)[녹화상형검(綠花象形臉)]「서유기(西遊記)」

536. 여토복(女土蝠)[녹상형검(綠象形臉)]「서유기(西遊記)」

539. 뇌공(雷公)[녹조검(綠鳥臉)]「요천궁(鬧天宮)」

541. 청룡(靑龍)[녹상형검(綠象形臉)]「대뇨천궁(大鬧天宮)」

547. 온천군(溫天君)[녹삼괴와검(綠三塊瓦臉)]「요천궁(鬧天宮)」

563. 백마선(白馬仙)[녹쇄상형검(綠碎象形臉)]「어니하(淤泥河)」

7) 瓦灰色

11. 모분(毛賁)[와회쇄화검(瓦灰碎花臉)]「오뇌진(五雷陣)」

44. 주창(周倉)[와회화원보검(瓦灰花元寶臉)]「화용도(華容道)」

178. 백안(伯顔)[와회화삼괴와검(瓦灰花三塊瓦臉)]「정기가(正氣歌)」

219. 낭여표(郎如豹)[와회노삼괴와검(瓦灰老三塊瓦臉)]

　　　「십삼매(十三妹)」

237. 나후(羅睺)[와회상형검(瓦灰象形臉)]「요천궁(鬧天宮)」

258. 오윤(敖閏)[와회삼괴와노검(瓦灰三塊瓦老臉)]「수염동(水帘洞)」

511. 허일서(虛日鼠)[회상형검(灰象形臉)]「서유기(西遊記)」

524. 두목해(斗木獬)[와회화검(瓦灰花臉)]「서유기(西遊記)」

534. 위토치(胃土雉)[와회상형검(瓦灰象形臉)]「서유기(西遊記)」

545. 마천군(馬天君)[와회삼괴와검(瓦灰三塊瓦臉)]「요천궁(鬧天宮)」

557. 청서정(靑鼠精)[와회상형검(瓦灰象形臉)]「무저동(无底洞)」

8) 자색

3. 후예(后羿)[자삼괴와검(紫三塊瓦臉)]「청룡관(靑龍關)」

18. 전제(專諸)[자삼괴와검(紫三塊瓦臉)]「어장검(魚腸臉)」

25. 형가(荊軻)[자삼괴와검(紫三塊瓦臉)]「형가전(荊軻傳)」

32. 여마통(呂馬通)[자삼괴와화검(紫三塊瓦花臉)]「망오강(亡烏江)」

43. 방통(龐統)[자도사검(紫道士臉)]「내양현(來陽縣)」

45. 위연(魏延)[자십자문화검(紫十字門花臉)]「전장사(戰長沙)」

59. 장합(張郃)[자첨삼괴와검(紫尖三塊瓦臉)]「장판파(長坂坡)」

63. 공수(孔秀)[자삼괴와검(紫三塊瓦臉)]「과오관(過五關)」

72. 정보(程普)[자삼괴와검(紫三塊瓦臉)]「봉황이교(鳳凰二喬)」

79. 능통(凌統)[자삼괴와검(紫三塊瓦臉)]「백기겁위영(百騎劫魏營)」

88. 이밀(李密)[자육분검(紫六分臉)]「단밀간(斷密澗)」

116. 최자건(崔子建)[자십자문화검(紫十字門花臉)]「자금대(紫金帶)」

130. 왕조(王朝)[자삼괴와검(紫三塊瓦臉)]「찰미안(鍘美案)」

141. 공손승(公孫勝)[자도사검(紫道士臉)]「황니강(黃泥崗)」

158. 난정옥(欒廷玉)[자첨삼괴와검(紫尖三塊瓦臉)]

「삼타축가장(三打祝家庄)」

179. 금안승(金眼僧)[자승검(紫僧臉)]「이용산(二龍山)」

183. 서연소(徐延昭)[자육분검(紫六分臉)]「이진궁(二進宮)」

201. 하천룡(賀天龍)[자첨삼괴와검(紫尖三塊瓦臉)]「연환투(連環套)」

216. 이패(李佩)[자첨삼괴와검(紫尖三塊瓦臉)]「낙마호(落馬湖)」

261. 북두(北斗)[자삼괴와검(紫三塊瓦臉)]「안천회(安天會)」

279. 고각(高覺)[자화삼괴와검(紫花三塊瓦臉)]「매화령(梅花岭)」

284. 마리수(魔里壽)[자화신선검(紫花神仙臉)]「가몽관(佳夢關)」

297. 두월초(鬪越椒)[자십자문화검(紫十字門花臉)]「청하교(淸河橋)」

298. 두분황(鬪賁皇)[자십자문화검(紫十字門花臉)]「청하교(淸河橋)」

306. 몽념(蒙恬)[자쇄화검(紫碎花臉)]「황금대(黃金臺)」

307. 조괄(趙括)[자쇄화검(紫碎花臉)]「장평지전(長平之戰)」

318. 전의(專毅)[자삼괴와검(紫三塊瓦臉)]「곡진정(哭秦庭)」

328. 악의(樂毅)[자삼괴와검(紫三塊瓦臉)]「황금대(黃金臺)」

343. 노왕(虜王)[자화삼괴와검(紫花三塊瓦臉)]「한명비(漢明妃)」

368. 우금(于禁)[자화삼괴와검(紫花三塊瓦臉)]「군영회(郡英會)」

376. 위연(魏延)[자십자문화검(紫十字門花臉)]「천수관(天水關)」

387. 장합(張郃)[자삼괴와검(紫三塊瓦臉)]「장판파(長坂坡)」

395. 왕세충(王世充)[자화삼괴와검(紫花三塊瓦臉)]「광릉회(廣陵會)」

415. 초천좌(肖天佐)[자삼괴와화검(紫三塊瓦花臉)]「천문진(天門陣)」

423. 장만호(張萬戶)[자화삼괴와검(紫花三塊瓦臉)] 「생사한(生死恨)」

431. 사문공(史文恭)[자삼괴와검(紫三塊瓦臉)] 「영웅의(英雄義)」

434. 은안승(銀眼僧)[자삼괴와검(紫三塊瓦臉)] 「이용산(二龍山)」

449. 상우춘(常遇春)[자우삼괴와검(紫三塊瓦臉)] 「장원인(將元印)」

452. 주량조(朱亮祖)[자화삼괴와검(紫花三塊瓦臉)] 「취금릉(取金陵)」

462. 장왕(蔣旺)[자화삼괴와검(紫花三塊瓦臉)] 「계황장(溪皇庄)」

465. 복천조(濮天雕)[자첨삼괴와검(紫尖三塊瓦臉)] 「악호촌(惡虎村)」

495. 이철괴(李鐵拐)[자승검(紫僧臉)] 「팔선경수(八仙慶壽)」

500. 해탈대왕(解脫大王)[자화상형검(紫花象形臉)]

   「소행자력도십이참(小行者力跳十二塹)」

503. 용호수(龍虎帥)[자쇄화검(紫碎花臉)] 「전금산(戰金山)」

9) 금/은색

227. 여래(如來)[금신선검(金神仙臉)] 「요천궁(鬧天宮)」

235. 이랑신(二郎神)[금삼괴와신선검(金三塊瓦神仙臉)]

   「요천궁(鬧天宮)」

245. 우마왕(牛魔王)[금상형검(金象形臉)] 「파초선(芭蕉扇)」

269. 위타(韋陀)[금신선선(金神仙臉)] 「합발(合钵)」

273. 헌원씨(軒轅氏)[금신선정검(金神仙整臉)] 「평치우(平蚩尤)」

276. 오강(吳剛)[금화삼괴와신선검(金花三塊瓦神仙臉)]

   「항아분월(嫦娥奔月)」

283. 마리해(魔里海)[금쇄신선검(金碎神仙臉)] 「가몽관(佳夢關)」

322. 모분(毛賁)[금화삼괴와검(金花三塊瓦臉)] 「오뇌진(五雷陣)」

406. 이원패(李元覇)[금삼괴와검(金三塊瓦臉)] 「오뇌진(五雷陣)」

486. 호판궁(胡判官)[금원보검(金元寶臉)] 「목단정(牧丹亭)」

497. 금철표(金鐵豹)[금상형검(金象形臉)] 「홍매산(紅梅山)」

517. 항금룡(亢金龍)[금상형검(金象形臉)] 「서유기(西遊記)」

518. 유금구(頪金狗)[금상형검(金象形臉)] 「서유기(西遊記)」

558. 금우신(金牛神)[금상형검(金象形臉)] 「천하배(天河配)」

567. 효천견(哮天犬)[금상형검(金象形臉)] 「옥연등(玉蓮燈)」

225. 옥제(玉帝)[은삼괴와신선검(銀三塊瓦神仙臉)] 「필마온(弼馬溫)」

281. 마리청(魔里靑)[은삼괴와신선검(銀三塊瓦神仙臉)]
「가몽관(佳夢關)」

551. 야행수(夜行帅)[은상형검(銀象形臉)] 「무저동(无底洞)」

10) 기타

20. 미남와(米南洼)[도원보검(倒元寶劍)] 「문소관(文昭關)」

28. 하후영(夏候嬰)[도원보검(倒元寶臉)] 「추한신(追韓信)」

46. 맹달(孟達)[도원보검(倒元寶臉)] 「주맥성(走麥城)」

66. 장간(蔣干)[문축검(文丑臉)] 「군영회(群英會)」

71. 고화(賈華)[도원보축검(倒元寶丑臉)] 「감로사(甘露寺)」

108. 호리(胡理)[무축상형검(武丑象形臉)] 「파락화(巴駱和)」

128. 도홍(陶洪)[노무축검(老武丑臉)] 「타과원(打瓜園)」

132. 마한(馬漢)[원보검(元寶臉)] 「찰미안(鍘美案)」

135. 서동(書僮)[소축검(小丑臉)] 「도은호(盜銀壺)」

140. 장평(蔣平)[무축검(武丑臉)] 「동망진(銅網陣)」

164. 시천(時遷)[무축검(武丑臉)]「안령갑(雁翎甲)」

167. 동초(董超)[축각검(丑角臉)]「야저림(野猪林)」

168. 설패(薛霸)[악축검(惡丑臉)]「야저림(野猪林)」

169. 합미치(哈迷蚩)[무축검(武丑臉)]「로안주(潞安州)」

187. 누아서(婁阿鼠)[상형악축검(象形惡丑臉)]「십오관(十五貫)」

190. 유표(劉彪)[왜원보검(歪元寶臉)]「법문사(法門寺)」

191. 고계(賈桂)[태감축검(太監丑臉)]「법문사(法門寺)」

193. 유록경(劉祿敬)[문축검(文丑臉)]「소상분(小上墳)」

194. 본무(本無)[축승검(丑僧臉)]「사범하산(思凡下山)」

195. 심연림(沈燕林)[악문축검(惡文丑臉)]「옥당춘(玉堂春)」

196. 덕록(德祿)[소축검(小丑臉)]「어비정(御碑亭)」

199. 숭공도(崇公道)[노축검(老丑臉)]「여기해(女起解)」

206. 주광조(朱光祖)[무축검(武丑臉)]「연환투(連環套)」

259. 하장(蝦將)[소요검(小妖臉)]「수염동(水帘洞)」

260. 구사(龜師)[소요검(小妖臉)]「수염동(水帘洞)」

294. 조보(曹寶)[원보검(元寶臉)]「십절진(十絶陣)」

308. 진무양(秦舞陽)[원보검(元寶臉)]「형가전(荊軻傳)」

309. 이아(易牙)[문축검(文丑臉)]「병탑논상(病榻論相)」

347. 조병(焦炳)[문축검(文丑臉)]「양평관(陽平關)」

348. 모용열(慕容烈)[문축검(文丑臉)]「양평관(陽平關)」

349. 맹달(孟達)[원보검(元寶臉)]「주맥성(走麥城)」

361. 주창(周倉)[화원보검(花元寶臉)]「단도회(單刀會)」

362. 주창(周倉)[화원보검(花元寶臉)]「수업칠군(水淹七軍)」

378. 범강(范疆)[악축검(惡丑臉)]「조백포(造白袍)」

379. 장달(張達)[악축검(惡丑臉)]「조백포(造白袍)」

388. 탐자(探子)[무축검(武丑臉)]「전북원(戰北原)」

389. 기패(旗牌)[원보검(元寶臉)]「격고매조(擊鼓罵曹)」

390. 화흠(華歆)[도원보검(倒元寶臉)]「소요진(逍遙津)」

400. 주능아(朱能兒)[쟁형무축검(箏形武丑臉)]「향마전(響馬傳)」

401. 이건성(李建成)[도원보검(倒元寶臉)]「십도본(十道本)」

402. 이원길(李元吉)[문축검(文丑臉)]「십도본(十道本)」

432. 소번(小番)[소축검(小丑臉)]「생사한(生死恨)」

456. 주천세(朱千歲)[문축검(文丑臉)]「봉환소(鳳還巢)」

469. 왕량(王梁)[원보검(元寶臉)]「악호촌(惡虎村)」

485. 장홍(張洪)[원보검(元寶臉)]「탐양산(探陽山)」

489. 손오공(孫悟空)[상형검(象形臉)]「안천회(安天會)」

490. 손오공(孫悟空)[상형검(象形臉)]「요천궁(鬧天宮)」

491. 손오공(孫悟空)[상형검(象形臉)]「안천회(安天會)」

492. 투전승불(鬪戰勝佛)[상형검(象形臉)]「서유기(西遊記)」

506. 저오능(猪悟能)[상형검(象形臉)]「도혼령(盜魂鈴)」

509. 앙일계(昂日鷄)[상형조검(象形鳥臉)]「서유기(西遊記)」

537. 가람(伽藍)[화원보검(花元寶臉)]「사주성(泗州城)」

549. 감정(監正)[문축검(文丑臉)]「대뇨천궁(大鬧天宮)」

550. 감부(監副)[소축검(小丑臉)]「대뇨천궁(大鬧天宮)」

552. 마졸(馬卒)[상형축검(象形丑臉)]「대뇨천궁(大鬧天宮)」

02 검보 연구

1. 중국 검보의 기원

臉譜는 중국 전통극에 등장하는 배우의 얼굴 분장 중 하나이다. 검보는 관객에게 극 이해에 필요한 인물의 성격, 극의 흐름, 무대배경, 소도구 등을 상징하는 색과 아이콘을 배우의 얼굴에 그려 넣어 전달하는 수단이기도 하다. 검보는 관객이 인지할 수 있는 보편적인 기호와 상징질서 안에서 등장인물의 캐릭터를 시각적으로 정형화시켜 표현하고 있다. 그것의 시각적 재현방식은 색, 구도유형, 아이콘을 들 수 있다.[1]

이러한 검보를 구성하는 색과 구도유형 및 아이콘은 해당지역의 문화적 축적물로서, 이를 통해 배우와 관객의 상호교감과 호흡을 이끌어내는 중국의 문화코드라고 할 수 있다.

검보라는 명칭 자체에서도 그 의미를 포함하고 있는 바와 같이, 검보의 가장 큰 특징은 수천 년 동안 축적되어 온 중국문화와 중국인의 사유공식으로 계보화된 정형성과 상징성이다. 이 두 가지 특징은 중국 전통극은 물론 중국문화의 특징과 매우 긴밀하게 연결되어 있다. 따라서

---

1) 정유선, 「검보, 스테레오타입의 시각적 재현」, 『중국소설논총』 29집, 한국중국소설학회, 2009.3 180쪽 참조

세계인이 중국문화를 떠올릴 때마다 가장 먼저 꼽는 이미지 중의 하나가 바로 검보인 것이다. 검보는 이러한 내재된 요소와 특징으로 인해 중국문화를 대표하며 지금까지도 계승·발전되어 오고 있는 것이다.

그러나 지금까지의 중국 전통극 연구경향은 주로 전통극 내용과 체제 및 인물형상 등 텍스트 연구에 치중하고 있어 상대적으로 분장, 의상, 연기 등과 같은 공연예술적인 측면의 연구는 다소 소홀한 편이었다. 본 연구에서 연구대상으로 삼고자 하는 검보 역시 현재 중국 전통극 연구자들의 관심영역과 멀어 검보란 무엇이며 언제부터 사용해 왔는지 등에 대한 근본적인 물음조차도 구체적이고 체계적으로 논의와 연구가 되어 있지 않은 상태이다. 이 같은 실정은 한국 학계 역시 마찬가지다.

주지하는 바와 같이, 최근 들어 세계 각국에서는 문화사업 육성과 홍보에 총력을 기울이고 있는 추세인 관계로, 중국 전통극의 연구도 더불어 과거와는 점차 다른 양상을 띠고 있다. 이를 테면 다음과 같다. 첫째, 문화콘텐츠 소재 확보를 위해 전통극에 관련한 자료의 DB구축, 둘째, 희곡텍스트 연구와 함께 전통극을 구성하는 요소, 연기, 배경, 사회적 관계 연구 등을 포함하는 연구범위의 확대이다. 이는 전통극을 하나의 문화현상으로 연구하고자함이라 볼 수 있다. 셋째, 중국 전통극을 소재로 하여 경제적 부가가치를 창출할 수 있는 문화상품 개발에 대한 연구 등으로 전환해 가고 있다.

따라서 현재와 같은 연구 상황에서 새롭게 주목받기 시작하는 검보는 실제로 중국 전통극 연구보다는 문화산업 관련 분야에서 다양한 용도로 개발하여 활용되어지기를 바라고 있다. 그러나 학계에서는 이들의 수요를 만족할 만큼 뒷받침해 줄 이론적 근거나 활용할 만한 결과물이 많지 않음을 인정해야 할 것이다.

이에 본 글에서는 세계 어느 나라에서도 찾아 볼 수 없는 중국 검보의 형성 원인에 대한 궁극적인 해답을 얻기 위해 발생론적이며 연구사적 입장에서 기존의 자료와 논의를 체계적으로 정리하고 재검토하고자 한다. 이를 위해 우선 논의의 중요한 단서가 되는 검보의 명칭과 범주, 종류, 용도에 대해 고찰한 다음, 기존에 산발적으로 언급되었던 학자들의 검보 기원에 대한 여러 학설을 계보학적으로 검토해 보고자 한다.

1) 중국 검보의 명칭과 유형

현재 중국에서 경극을 비롯한 여러 지방희에 사용되고 있는 검보의 종류는 수 천 종에 이르며 그 모양과 형태 또한 다양하다.[2] 이에 본 장에서는 검보의 기원에 대한 계보학적 고찰을 위해 우선 검보에 대한 기본적인 개념과 범주를 설정하고자 한다.

① 검보의 명칭과 범주

우선 '검보'라는 명칭을 고대 문헌 전적을 조사하여 그 명칭이 언제부터 불려 왔으며 왜 그러한 명칭으로 불렸을까하는 물음에 대해 고찰해 보고자 한다.

중국 전통극의 얼굴 분장은 크게 素面 분장과 塗面 분장으로 나뉜다. 소면 분장은 주로 生과 旦 각색에 사용되며, 살색과 분홍색 분을 먼저 살짝 바르고 검은색으로 눈과 눈썹을 그리는 분장법으로 潔面 혹

---

2) 趙夢林,「序文」,『中國京劇臉譜』, 朝華出版社, 2005

은 俊扮이라고도 한다. 도면 분장은 주로 淨과 丑 각색에 사용되며, 극중 인물에 따라 색과 도안을 그려 넣는 색채 화장을 말한다.

옛날에는 이러한 분장을 '勾臉兒' 혹은 '開臉', '打臉'이라고 했는데,[3] 색과 선으로 표현된 각색의 얼굴이 매우 과장되고 변형되어 花臉 혹은 花面이라고도 불렸다. 정과 축이 각각 大花臉과 小花臉으로 불리는 이유 역시 배우의 얼굴 분장 특징에서 얻어진 명칭이다. 검보는 정과 축 각색의 도면 분장에 대한 모든 명칭을 통칭한 것이다.

우선 검보라는 명칭이 어떠한 의미를 지니고 있는지에 대해 살펴보도록 한다. 검보에 대한 정의를 처음으로 볼 수 있는 문헌은 근대 경극 연구자 王夢生이 지은 『梨園佳話』이다.

> 예전에는 사제 간에 전수했으며 그 형식을 자세히 기록한 전문적인 계보가 있었는데, 이를 검보라고 한다.
> 從前師弟授受, 有专谱备载其式, 謂之脸谱.[4]

왕몽생은 검보를 예로부터 전해져 내려오는 얼굴 분장 계보와 그 형식을 기록한 것이라고 정의 내리고 있다. 그런데 그의 『梨園佳話』는 경극 유파 중 청말 민초 譚鑫培 유파 공연예술[5]의 계통성과 역사성, 특징과 규율, 극본 등을 정리한 저작으로, 특정 경극 유파의 전통과 전수에 초점에 맞추어 서술되었다.

검보는 대체적으로 중국 전통극에서 오랫동안 얼굴 분장 경험이 쌓

---

3) 「京劇臉譜硏究」(一), 『中國戲曲』, 2003.7

4) 王夢生, 『梨園佳話』, 商務印書館, 1915

5) 王萍, 「20世紀初京劇流派理論硏究解讀」, 『甘肅社會科學』, 2009年 第一期

여 체계적으로 전승해 내려오는 塗面 분장예술이라고 정리할 수 있다. 따라서 이러한 특징에 주목해 고찰한다면, 담흠배의 이 책은 설사 담흠배 유파만을 다루고 있어 연구대상이 편협적이고 한정적이긴 하지만, 그 유파의 전수와 계통의 영향관계를 집중적으로 다루고 있다는 점에서 검보의 계보학 연구에 참고할 가치가 있는 것으로 판단된다.

최근 학자 중 검보에 대해 비교적 구체적인 정의를 내리고 있는 학자는 靈初를 들 수 있다.

> 검보는 민족특색을 지닌 특수 분장법이다. 검보는 소위 계보를 이르는 것으로, 배우가 얼굴에 도란이나 수채로 각양각색의 도안을 그렸는데 그 모두에는 대략적인 형식이 있다. 마치 노래를 부르거나 음악을 연주할 때 악보에 따라 해야 하는 것과 같다.
>
> 臉譜, 是一種具有民族特色的特殊化粧方法. 臉譜之所以爲譜, 是演員通過油彩或水彩在臉上勾畵出各種各樣的圖案, 他們都有一種大槪的譜式, 如同唱歌、奏樂要按照樂譜一樣.[6]

영초의 정의 역시 앞서 언급한 왕몽생의 정의와 크게 다르지 않다. 왕몽생의 정의에서 좀더 구체적으로 언급하고 있는 것은 검보가 중국 고유의 얼굴 분장으로, 도란이나 수채를 사용하여 분장한다는 것이다. 여기에서 왕몽생의 정의와 연결하여 살펴봐야 할 부분은 바로 예로부터 전해져 내려오는 얼굴 분장 방식이라는 계통성과 유형화이다.

왕희평 역시 검보에 대한 단어적 함의를 단지 얼굴 분장 圖錄 혹은 圖譜의 의미일 뿐으로 曲譜, 舞譜, 畵譜 등과 같은 종류를 의미한다[7]

6) 靈初, 「臉譜的顔色」, 『醫文知識』, 1994.3
7) 王希平, 「臉兒與臉譜」, 『尋根』, 1995.2

는 영초의 언급과 유사한 주장을 하고 있다. 다시 말해 그는 검보를 예술형식 자체의 명칭이 아니라 예술의 기록방식에 불과하다고 말하고 있다. 따라서 그는 검보와 같은 이러한 기록은 예술의 형식과 규칙에 대한 정리와 귀납에 포함되기 때문에 이후의 창작에 일정한 참고작용을 하고 있다고 설명하고 있다.[8]

이러한 의견들은 후대 학자들도 동의하는 부분이라 하겠다. 따라서 검보의 명칭도 계보의 의미를 지닌 '譜'를 사용한 것과 일맥상통하리라 본다.

그렇다면 검보라는 명칭은 언제부터 사용되었을까? 王希平은 검보 명칭의 기원에 대해 다음과 같이 고증하고 있다.

'검보'라는 단어는 대략 청대 말엽에 생겨난 것으로 정식으로 여러 문헌에 보인 것은 민국 초이다. 그 시기 경극 무대예술은 이미 발전하여 성숙했으며, 얼굴 분장예술 역시 비교적 높은 수준에 이르렀고, 조형수법도 점차 완비되어 형식이 다양해졌을 뿐 아니라 풍성해 졌다. 때문에 이를 좋아하는 수많은 사람들이 무대 얼굴 분장을 그려 기록하고 정리해서 엮어 책을 만들었으니, 이것이 '검보'로 만들어지게 되었다. 당시에 이미 각종 검보첩이나 공예품을 만들어 시장에 내다 파는 상황이었다.

'臉譜'一詞大略産生在淸代末葉, 正式見諸文字則在民國初年. 那時, 京劇的舞臺藝術已發展成熟, 其臉兒化粧藝術也已取得較高的水平, 造型手法逐步完備, 形式多樣且富于變化. 因此, 就有許多喜愛它的人將舞臺上的臉兒繪制記錄下來, 幷整理彙編成冊, 這才形成了'臉譜'. 當時已先有將種種臉譜冊頁或制成工藝品于市上出售的情況.[9]

위의 내용을 살펴보면, 왕희평은 검보라는 명칭은 대략 청대 말엽에

---

8) 왕희평, 앞의 논문 참조
9) 왕희평, 앞의 논문 참조

생겨났으며 문헌에 정식으로 보인 것은 민초 시기라고 했다. 이에 대해 다른 학자들의 다른 의견이나 고증은 현재까지 찾아 볼 수 없다.

청말 민초 시기 경극은 관객들로부터 경극 사상 최고의 흥행을 이루 었다고 해도 과언이 아닐 정도로 중국 전역에서 가장 인기 있는 공연 예술이었다. 따라서 당시는 관객들에게 경극 공연 자체 뿐 아니라 배우, 소품, 무대 등 경극과 관련된 모든 것이 최대의 관심을 끌 정도로 호황이었다고 말할 수 있다. 다시 말해 경극 극단 관련자들은 더 많은 관객을 끌기 위해 다각도의 노력을 기울였음은 말할 것도 없을 것이다. 이 시기는 경극의 대중화와 경극 극단의 상업적 경쟁이 치열하였으며, 초보적이긴 하나 배우는 물론 경극 공연과 관련 된 모든 것을 상품화 하였던 것이다. 그중 하나의 예가 바로 검보이다.

위의 인용문 내용과 같이, 전문 직업배우 외에도 경극을 좋아하는 일반인들이 직접 검보를 그리고 정리해서 책을 만들기도 하고, 이들을 대상으로 검보첩이나 검보 관련 공예품을 만들어 팔기도 했던 것이다.

그러므로, 기존의 여러 자료와 과거의 여러 정황을 통해 살펴보면 검보에 대한 의미와 범주는 크게 두 가지로 정리할 수 있다.

첫째, 예로부터 전해 내려오는 도면 분장의 형식과 기법을 전수한다는 계통성을 함의하고 있는 얼굴 분장 계보의 의미를 지니고 있다.
둘째, 도면 분장을 종이나 비단 등의 매체에 기록해서 책으로 만든 얼굴 분장 譜帖의 의미를 지니고 있다.

이상과 같은 맥락에서 검보의 명칭과 범주에 대한 근원적인 물음에 대해 정리하고자 한다.

② 검보의 유형과 특징

다음으로 예로부터 내려온 도면 분장을 어떻게 유형화 시켰는지를
살펴 보고자 한다. 즉 검보의 내재적인 함의를 시각적으로 어떻게 표상
하고 있으며 그 쓰임은 무엇인지 기존 학자들의 연구성과를 바탕으로
고찰하려고 한다.

앞서 고찰한 바와 같이 계통화되고 유형화된 검보는 주로 관객이 인
지할 수 있는 보편적인 기호와 상징질서 안에서 등장인물의 스테레오
타입을 시각적으로 표현하는데 사용되고 있다. 그것의 시각적 재현방
식은 오랫동안 관객과 소통하여 만들어 놓은 상징기호인 구도유형, 색,
아이콘 이 세 가지를 들 수 있다.

검보는 이러한 문화적 함의가 내재된 시각적 상징기호를 통해 다양
한 인간군상을 재현하고 있으며, 전통극의 정형화된 배우의 연기와 분
장, 특수한 돌출형 무대 여건 때문에 채울 수 없는 공연요소들을 배우
의 얼굴 분장에 시각적인 기호로 보완한 장치로도 사용되고 있다.10)

따라서 본 글에서는 검보의 주요 시각적 재현방식인 구도유형, 색,
아이콘 세 가지 중 구도유형과 색 두 가지를 중심으로 검보의 유형과
특징을 살펴보고자 한다. 이러한 이유는 아이콘은 각각의 극과 인물,
개별 상황에 따라 교체와 변형될 가능성이 매우 높기 때문에 수 천 종
이나 되는 검보를 유형화하고 계보학적인 검보의 기원을 고찰하는 데
에 큰 비중으로 두기에는 미흡하다고 사료되기 때문이다.

이에 대해 여러 학자들은 검보를 유형별·각색별로 정리하고 있는

---

10) 鄭有善의 「검보, 스테레오타입의 시각적 재현」(『중국소설논총』29집, 한국중국소
설학회, 2009.3)과 「봉신희 검보 아이콘 읽기」(『중국소설논총』30집, 한국중국소
설학회, 2009.9) 참조

데, 그중 趙夢林의『中國京劇臉譜』(朝華出版社, 2005)가 가장 두드러진다. 이 책은 현재 검보 관련한 책 가운데 가장 많은 종류의 검보를 체계적으로 정리하여 수록하고 있다. 따라서 필자는 조몽림의 연구성과를 기본으로 본 연구를 진행하고자 한다.[11]

그는 검보 568개를 14개 유형으로 나누고 이에 대한 해설을 간단하게 덧붙이고 있다. 본글에서는 조몽림이 분류한 14개 유형을 중심으로 다른 학자들의 연구성과도 함께 참고하여 검보 구도의 유형과 색의 함의를 살펴 보았다. 이를 정리하면 다음과 같다.[12]

整臉은 가장 보편적으로 볼 수 있는 검보 형식이다. 분장할 때 우선 얼굴 전체에 주요색 한 가지를 발라 피부를 과장시키고, 그 위에 눈썹, 눈, 코, 입 부위와 섬세한 근육결을 그려 인물의 성격을 표현한다.

三块瓦臉은 정검을 기초로 하여 눈썹, 눈, 코를 한층 과장한 것으로, 선으로 눈썹과 눈, 그리고 코 부위를 그리기 때문에 이와 같은 명칭으로 불린다. 삼괴와검는 검보에서 대단히 광범위하게 사용된다. 이 검보 형식은 도안의 대칭과 정교한 붓놀림, 다양한 색채를 요구한다.

이 검보는 正三块瓦, 尖三块瓦, 花三块瓦, 老三块瓦 등으로 나뉜다. 정삼괴와검은 대부분 충성스럽고 용맹스러운 선비 등과 같은 긍정적 인물을 표현하는데 사용된다. 세운 눈썹, 큰 눈, 둥근 코가 특징이며 홍색·백색·자주색이 많이 사용되고 수염은 滿髥을 단다. 첨삼괴와검은 대부분 처지거나 뾰족한 눈썹과 눈초리를 세우거나 치켜 올린 눈 모양을 그리며 기본적으로 코언저리가 뾰족하다. 노삼괴와검은 대

11) 조몽림, 앞의 책, 7-18쪽 참조
12) 조몽림의 앞의 책(7-13쪽)과 黃鈞 等의『京劇文化詞典』(漢語大詞典出版社, 2001) 참조

부분 정정한 노인을 표현하는 데 사용하고 긍정적 인물과 부정적 인물 모두에게 해당되며, 수염은 백색이나 회색 만염을 단다.

十字門臉은 삼괴와검에서 발전한 것으로, 주요색을 한 가지 색으로 줄이고 이 색으로 이마에서 코 아래까지 칠해 인물의 성격을 나타내는 것을 특징으로 한다. 주요색으로 그려진 선과 눈 부위의 구도가 십자형을 이루어 이를 십자문검이라 한다. 또 이 검보는 老十字門臉과 花十字門臉으로 나뉘며 영웅과 무장 등의 긍정적 인물을 나타낸다. 여기에 사용되는 수염은 老臉에는 만염을, 花臉에는 찰염을 단다.

六分臉은 정검에서 발전된 것이다. 이 검보는 눈썹을 백색으로 전체 얼굴의 10분의 4정도로 확대·과장하고, 이마 중앙에 그린 선의 색을 주요색으로 삼아 얼굴의 나머지 10분의 6을 채운다. 이러한 특징 때문에 육분검 혹은 老臉이라고도 부른다. 육분검은 수염이 무성하고 공이 높은 충직한 노장을 표현하며 주요색으로 사용되는 색은 자주색·흑색·홍색이다. 이에 사용되는 수염은 대부분 만염이나 黪滿髯이다.

위 네 유형에 해당하는 각각의 검보를 예로 들면 아래와 같다.[13]

關羽[紅整臉]   夏候惇   張飛[黑十字門花臉]   黃盖[紅六分臉]
                    [藍尖三塊瓦臉]

---

13) 본서에서 인용하는 모든 검보는 조몽림의 『중국경극검보』(朝華出版社, 2005)에서 인용한 것임을 밝혀 둔다.

碎花臉은 화삼괴와검에서 변형된 것으로 이마 정중앙에는 주요색을 칠하고 나머지 부위에는 보조색과 문양을 덧붙여 그린다. 여기에 사용되는 색과 구도가 다양하며 선이 복잡하고 세밀하기 때문에 쇄화검이라고 한다. 대부분 성격이 거칠고 난폭한 무장과 산적을 표현하며 긍정적・부정적 인물 모두에 사용된다. 입부위는 수염없이 드러내 놓거나 흑색이나 홍색 찰염 혹은 일자염의 수염을 달기도 한다.

歪臉은 글자 그대로 오관이 바르지 않은 검보를 뜻하는데 바로 생김새가 추한 인물에 사용된다. 주로 악당 수하들의 추악한 얼굴을 과장하는 데에 사용되며 몇몇 특정한 긍정적 인물에도 사용된다. 이 검보는 좌우 구도가 비대칭으로 일그러진 느낌을 주는 것이 특징이다. 기본 도안은 쇄화검과 삼괴와검 등에서 본떴으며 다양한 색상이 사용된다. 이 검보에는 수염을 달지 않고 입부위를 드러내거나 찰염을 단다.

僧道臉은 僧臉 혹은 和尙臉이라고도 한다. 구도는 삼괴와검과 비슷하다. 이 검보는 콩팥 모양의 눈 부위, 문양이 들어간 코와 입 부위, 이마에 홍색 사리의 둥근 광채나 불문에 귀의하여 계를 받았다는 표시인 아홉 개의 점을 그리는 것을 특징으로 한다. 사용되는 색은 백색・홍색・황색・남색 등으로, 그중 백색이 가장 많이 사용된다. 이 검보에는 虬髥을 달거나 입 부위를 드러낸다.

太監臉은 권력을 남용하여 다른 사람을 해치는 환관에게만 사용된다. 색은 홍색과 백색 두 가지만 사용되며, 형식은 정검이나 삼괴와검과 비슷하나 태감의 특징을 부각시킨다. 뾰족한 눈썹은 간교함을 나타내고 칼 모양의 눈 부위는 백성을 착취하는 의미를 지니고 있다.

드러낸 입 양쪽이 아래로 삐친 것은 간악하고 잔인한 성격을 두드러지게 한 것이며, 이마 중앙에 둥근 광채를 그려 자신은 거세를 하였으며 불문의 제자라는 것을 뽐내는 모습을 표현한다. 이마와 양쪽 볼의 통통한 주름은 높은 지위에서 호의호식하며 사치스러운 생활로 피둥피둥 살찐 모습을 표현한 것이다. 이러한 태감검은 악폐를 행하며 윗사람에게 아부하고 아랫사람을 짓누르는 간사스러운 형상을 나타낸다.

위 네 유형에 해당하는 각각의 검보를 예로 들면 아래와 같다.

許褚[黑碎花臉]　　夏侯淵[黑碎歪花臉]　　魯智深[白僧臉]　　劉瑾[紅太監臉]

元寶臉은 이마와 얼굴윤곽의 색이 같지 않고 그 모양이 元寶처럼 생겨 원보검이라고 한다. 普通元寶臉과 倒元寶臉, 花元寶臉 세 종류로 나뉜다. 보통원보검의 구도는 삼괴와검과 비슷하다. 일반적으로 신분이 높지 않은 무인이나 副將 혹은 中軍에 사용된다. 도원보검은 눈썹 위에는 홍색을 바르고 아래에는 백색을 바른다. 눈과 코 부위에는 표정을 나타내는 주름을 그리며 악당과 해학적인 단역 인물이 표현된다. 화원보검의 구도는 복잡하며 쇄화검과 비슷하다.

이 검보는 눈 부위에는 문양이 있고 코는 들창코이며 주요색은 이마에 있고 수염은 찰염를 많이 단다. 대부분 신화희의 저승심판관에 사용되기 때문에 判兒臉이라고도 하며 얼굴이 흉측하고 몸체가 기괴하고 성격이 난폭한 인물을 표현하기도 한다. 화원보검은 긍정적 인물 뿐 아니라 부정적 인물에도 사용되며 이러한 역할을 구별하기 위해 오관의 모양을 다르게 그린다.

象形臉은 일반적으로 신화희에 사용된다. 이 검보에 사용되는 구도와 색은 모든 정령, 요괴, 신의 형상적 특징에서 출발하므로 고정적으로 정해져 있지 않다.

神仙臉은 정검과 삼괴와검에서 발전한 것으로 신이나 부처의 얼굴을 표현하는 데 사용되며 구도는 불상을 본뜬 것이다. 이 검보에 사용되는 주요색은 금색과 은색으로, 간혹 보조색으로 사용되어 주요선과 면의 주변에 덧발라 신성함과 위엄을 표시하기도 한다. 무장은 투구 위에 색깔이 있는 色球를 달아 일반인과 구별한다.

丑角臉는 三花臉 또는 小花臉이라고도 한다. 이 검보는 콧대 중앙에 백색으로 두부덩어리 모양을 그리는 애니메이션 기법으로 인물의 희극적인 특징을 표현하는데, 배역이 다르면 그 모양도 각기 달라진다.

즉, 두부덩어리 모양에는 네모꼴, 원형, 삼각형, 마름모꼴이 있으며 각각 다른 눈썹, 눈, 코, 입 및 표정 · 동작과 조화시킨다. 표현되는 인물은 증오스러운 건달, 귀여운 아이, 미움 받는 부자, 친근한 늙은이, 탐관오리, 백성의 억울함을 풀어주는 청관 등 다양하다. 축 역의 검보로 표현되는 인물은 대단히 광범위하여 황제와 문무백관에서부터 명령을 전달하는 무관, 마부, 우산 받치는 사람, 전령에 이르기까지 해당되지 않는 배역이 없을 정도이다.

위 네 유형에 해당하는 각각의 검보를 예로 들면 다음과 같다.

孟達[元寶臉]   朱子貞[黑象形臉]   財神[紅神仙臉]   蔣干[文丑臉]

英雄臉은 걸출한 인물이 아니라 극중에서 무술지도를 하거나 무술에 참여하는 인물들의 검보를 말한다. 기본 형식은 도안이 단순한 화삼괴와검, 쇄화검, 왜검으로 그리며 검보 형식도 융통성 있게 운용된다.

小妖臉은 신화희 가운데 하늘의 장수와 조무래기 요괴 등의 배역을 표현하는데, 기본형식은 상형검으로 영웅검과 같은 위치를 차지한다. 이 검보에 넣는 도안은 단순하게 그려 극중의 주요배역과 구별시킨다.

이 두 종류의 검보를 隨意臉이라고도 한다.

위 두 유형에 해당하는 각 검보의 대표적인 예를 들면 다음과 같다.

蝦將[小妖臉]   黑風力[揉黑英雄臉]

다음으로 색 유형과 그 특징을 살펴보면 다음과 같다.14)

현재 경극 검보에 사용되는 색은 홍색·자주색·흑색·백색·남색

·녹색·황색·주황색·회색·금색·은색 등으로, 인물의 자연스런 피부색의 과장에서 성격을 상징하는 우의적인 색을 사용하는 것으로 발전되었다.

일반적으로 홍색은 인물의 일편단심과 충성심, 그리고 어느 누구도 따를 수 없는 용맹을 지닌 인물을 나타내고, 자주색은 뛰어난 지모와 강직을 상징한다. 흑색은 인물이 충직하고 고귀한 품격을 지닌 것을 나타낸다. 백색 수성물감을 칠해 나온 색인 水白色은 간사하고 음흉한 가증스런 면모를 지닌 인물을 암시하며, 백색 유성물감을 칠해 나온 색인 油白色은 제멋대로 막 되먹은 성격을 표현한다.

남색은 강건함과 용맹스러움을 나타내며, 녹색은 의협심이 강한 인물을 표현한다. 황색은 잔인하고 포악스러운 성격의 인물을, 암홍색은 덕망이 높고 충성스러우며 용맹한 나이 많은 장수를, 회색은 거칠고 야심 많은 나이든 호걸을 나타낸다. 금색과 은색은 신·부처·귀신·요괴에 많이 사용되며, 이러한 배역은 금은색의 얼굴과 몸으로 환상적인 느낌을 준다.

2) 중국 검보의 기원에 대한 諸說 검토

① 중국 검보의 연구현황

현재 검보에 관한 전문적인 논저로는 국내외를 통 털어 黃殿祺가 검보 관련 글을 모아 엮은 1995년 中國戲劇出版社에서 출간한 『中國

---

14) 趙夢林의 앞의 책(6-7쪽), 黃殿祺의 「我國戲曲臉譜的色彩」(『光明日報』, 1962. 8.23), 靈初의 「臉譜的顏色」(『醫古文知識』, 1994) 참조

戲曲臉譜文集』이 유일하다. 그러나 이 책은 내용과 체제, 분류 기준 없이 검보에 관한 글 31편을 한 곳에 모아 묶어 놓은 수준이기 때문에 학술적 가치보다는 당시 검보 연구에 관심을 전혀 두지 않던 시기에 여기 저기 흩어져 있던 검보 관련 연구 자료를 수집하여 연구의 토대를 구축했다는 점에 큰 의의를 둘 수 있다.

이 책 외의 다른 검보 관련 연구 성과물은 각각의 학술지나 희곡 관련 개론서 여기저기에 산견되고 있다. 필자는 이같이 흩어져 있는 국내외의 검보 관련 연구 성과를 수집해서 검토한 결과, 다음과 같이 크게 세 가지로 분류하여 정리할 수 있었다.

검보에 관한 개론이나 소개

○ 검보 자체에 대한 소개

1915년 王夢生이 『利園佳話』[文藝叢刊甲集](商務印書館)에 실은 검보에 관한 글 이후, 지금까지 수많은 이들이 희곡전문 학술지나 연구서 및 서적에 논문 및 에세이 등 다양한 장르로 검보의 소개와 가치 및 의미에 관한 글 수십 편을 작자만 바뀔 뿐 내용의 변화 없이 끊임없이 게재하고 있다.

대표적인 연구논문과 저작을 살펴보면, 齊如山의 「臉譜」(『齊如山全集』第一冊, 上海書店, 1990), 董每戡의 『說劇』(人民文學出版社, 1983), 任半塘의 『唐戲弄』上冊(上海古籍出版社, 1984), 王朝聞 主編의 『中國民間美術全集』卷11(山東敎育出版社, 1993-1995), 王希平의 「臉兒與臉譜」(『尋根』, 1995.2), 完恩仝의 「粉墨靑紅, 縱橫于面-臉譜鎖談」(『藝術百家』, 1995.4), 盛華의 「京劇臉譜, 系統分析, 業余愛好, 學習繼承」(『中國京劇』, 1995.5), 2004년 龔和德의 「京劇

臉譜研究」(『中國戲劇』, 2004年9月), 黃鈞 等 共著의 『京劇文化詞
典』(漢語大詞典出版社, 2001), 『中國大百科全書』「戲曲曲藝」卷
(中國大百科全書出版社, 1983) 등이 있다.

○ 검보 창작자에 대한 소개

지금까지 검보 연구에 적극적이었던 부류는 학자들보다는 바로 직접
분장하고 연기하는 중국 전통극 배우들이었다. 배우들은 자신이 맡는
각색의 검보를 기존에 전해 내려오는 검보를 바탕으로 자신의 얼굴형
과 극 내용에 맞게 변용하거나 재창작하기도 했다. 따라서 이러한 경험
을 바탕으로 배우들이 글을 남기거나 제 3자가 그들의 작업을 대신 기
록하기도 하였다.

대표적인 글로『中國戲曲臉譜文集』에 실린 翁偶虹의 「郝壽臣的
臉譜藝術」과 「楊小樓的臉譜之美」이다. 이러한 글의 내용은 주로 해
당 배우들의 검보에 대한 애정과 노력, 창작한 검보의 특징과 후대 전
통극 관련 종사자들에 대한 영향 등으로 구성되어 있다. 그러나 심도
있는 분석과 기존의 검보와의 비교 및 시각 이미지 자료가 부족하고
내용이 너무 추상적이라는 단점이 있다.

○ 각 지방희에 사용된 검보에 대한 소개

검보는 경극 뿐만 아니라 중국 전역에 공연되고 있는 모든 전통극에
서 사용하고 있는 얼굴 분장이다. 따라서 각 지방희마다 차이점이 조금
씩 있게 마련이다.

이에 대한 대표적인 글로는『中國戲曲臉譜文集』에 실린 李繼友의
「陝西社火臉譜的淵源及其藝術特徵」, 葉文熹의 「中國陝西社火臉

譜·跋」,張志强의 「漫話秦腔臉譜藝術」,楊德佑의 「漢劇的臉譜
藝術」,元丁의 「川劇臉譜」,雷震의 「『江西古典戲曲臉譜選集』前
言」,關明의 「『豫劇臉譜集』說明」,湖南省戲曲工作室의 「湖南地
方戲臉譜簡介」,李楚池의 「簡談豫劇臉譜」,中國戲劇家協會廣東
分會의 「奧劇臉譜簡介」,黃楓의 「桂劇的臉譜」,劉鉞의 「白劇臉譜」
등이 있다.

이 글들은 대체로 비슷한 공통점을 지닌다. 즉 대부분 해당 지방희
검보의 특징과 특색을 분석하기 보다는 검보 자체에 대한 보편적인 일
반론이 주를 이룬다. 간혹 보이는 지역적인 특성에 대한 언급은 해당
지방희에만 있는 극에 등장하는 각색의 검보 정도 수준이며, 대부분 전
국적인 성격을 띤 경극 검보 연구성과 내용과 대동소이하다.

검보 기원에 관한 연구

검보 기원에 관한 학자들의 학설은 크게 面具說, 塗面說, 文身說
세 가지로 정리할 수 있다.

○ 면구설에 대한 연구

이 학설은 검보가 면구에 기원을 두고 발전하여 형성되었다는 학자
들의 주장을 말한다. 이에 관한 대표 연구 성과로는 周華斌의 「巫儺
面具與戲曲臉譜-兼論中國戲曲臉譜之發生」(『民族藝術』, 1994.4)과
「神豆鬼面-中國最早的臉譜造型」(『文藝研究』, 2003.5)이다. 그러나
그의 논문은 검보 연구보다는 면구 연구에 더 큰 비중을 두고 있다. 이
러한 검보 기원에 관한 연구 경향은 다른 연구가들에게도 많이 나타나
고 있다.

이러한 내용이 언급되어 있는 대표적인 연구 성과로는 한국희곡학회에서 편찬한 『중국의 탈과 탈놀이』(신아사, 1999), 倪寶誠의 「面具藝術與戲曲臉譜」(『中州統戰』, 2000.11), 黃殿祺의 「面具和塗面化粧的演進」(『中國戲曲臉譜論文集』, 中國戲劇出版社, 1994.5), 吳國欽의 「面具、化粧與臉譜」(『中國戲曲臉譜論文集』, 中國戲劇出版社, 1994.5), 顧朴光의 「面具的界正和分類」(『貴州民族學院學報』哲學社會科學版, 1994.2), 曲六乙의 「面具、宗敎祭祀、原始戲劇」(『戲劇』, 1994.2), 陳逸民의 『面具』(上海人民美術出版社), 김학주가 엮은 「현대 중국의 탈과 탈놀이」(『(신의 표정 인간의 몸짓)중국탈』, 국립민속박물관, 2002), 周華斌의 「중국 가면의 원류」(『(신의 표정 인간의 몸짓)중국탈』, 국립민속박물관, 2002), 曲六乙의 「중국 탈놀이의 특징과 분류」(『(신의 표정 인간의 몸짓)중국탈』, 국립민속박물관, 2002) 등이 있다.

○ 도면설에 대한 연구

이 학설은 검보의 기원을 얼굴 화장에 두고 있는 학자들의 주장이다. 이에 대해서는 대부분의 학자들이 인정하는 가장 일반적인 학설로, 특별히 강하게 주장하거나 반대하는 학자들은 보이지 않는다. 그중 왕국유는 「塗面考」와 「面具考」(「古劇脚色考」, 『王國維戲曲論文集』, 中國戲劇出版社, 1984)에서 면구와 도면을 연결시키지 않고 개별적으로 절을 나누어 서술했으며, 임반당은 면구와 도면 사용을 상황에 따라 모두 사용하였을 것이라고 하여 면구설와 도면설 어느 한쪽에 치우치지 않고 가능성을 둘 다 열어 두는 입장을 취하였다.

그러나 이 학설 역시 너무나 초보적인 연구 단계인 관계로 학술성이 많이 떨어진다고 말할 수 있지만, 후대에 도면설을 주장하는 학자들에게 참고자료와 계발을 주고 있는 중요한 역할을 하고 있다는 점에 그 의의를 둘 수 있다.

○ 문신설에 대한 연구

이 학설은 문신에서 검보의 기원을 찾을 수 있다는 학자들의 주장이다. 이는 董每戡의 「說臉譜」(『說劇』, 人民文學出版社, 1983)에서 구체적인 논의의 단서를 찾아 볼 수 있다. 이후 彭華의 「百越文身習俗新探」(『宜兵師傳學報』(社會科學版), 1994年 第1期)에서 이에 대한 방증 자료를 제공하고 있다. 특히 월지역에서 이러한 행위가 많이 이루어져 검보의 기원 설명에 더욱 설득력을 높여 주고 있다. 후대 연구자들에게 앞의 두 학설과 함께 검보의 기원에 대해 중요한 학설로 대두되고 있다.

검보의 이미지텍스트 분석에 관한 연구

이에 대해 아래와 같이 세 가지로 정리할 수 있다.

○ 각색에 따른 검보 연구

중국 검보는 주로 남녀 주인공을 제외한 각색의 얼굴에 그려지는 얼굴 분장이다. 따라서 배우들은 각 각색마다 나름대로 정해진 틀과 공식에 맞춰 검보를 그리게 된다. 이에 대한 대표적인 연구물로 『中國戲曲臉譜文集』에 실린 黃殿祺의 「漫話丑角臉譜」와 「旦行中鐘離春的臉譜」를 들 수 있다. 두 글들은 우리가 알고 있는 검보 이미지를 문자화시켰다는 것 외에는 별다른 의의를 찾아 볼 수 없다.

○ 이미지텍스트 분석 연구

대표적인 연구물로는 鄭有善의 「검보, 스테레오타입의 시각적 재현」(『중국소설논총』29집, 한국중국소설학회, 2009.3)과 「봉신희 검보 아이콘 읽기」(『중국소설논총』30집, 한국중국소설학회, 2009.9)를 들 수 있다. 이 연구논문은 기존의 검보 연구 성과와는 달리 여러 문화이론을 바탕으로 검보가 지닌 상징성을 다각도로 고찰했다는데 의의를 둘 수 있다.

○ 메이크업 기법에 대한 연구

대표적인 연구물로 안현순과 김미선의 「경극 안면분장의 유형분석과 그 의미에 관한 연구」(『제주관광대논문집』 5집, 1999.12)이 있다. 이 연구물은 저자의 연구시각이 중국학적 접근이 아닌 미용학적인 접근을 위주로 하여 검보에 관한 소개정도 수준에 미치고 있다.

위의 선행연구에 대한 검토를 통해 필자는 두 가지의 연구 경향을 도출할 수 있었다.

하나는 현재 전문적으로 검보를 연구하는 연구자가 제대로 없다는 것이다. 다시 말해 기존의 연구 성과는 대부분 중국 전통극의 다른 분야 연구자들이 자신의 연구 분야를 연구하다가 검보로까지 연구영역이 넓혀지거나 혹은 본인의 연구를 위해 짚고 넘어가야 할 부분으로 검보를 인식하고 있음을 알 수 있었다.

둘째는 검보 전문가라 할지라도 대부분 공연에 직접 뛰어 들었던 배우들이기 때문에 인상론적 고찰 연구에 머물 뿐 검보를 학술적인 차원의 연구를 진행할 소양이 부족하여 참고할 만한 연구 성과가 나오고 있지 않다.

따라서 본 연구는 기존의 자료와 연구 성과를 찾아내어 체계적으로 정리하고 연구 환경 상 소외되었던 검보 기원에 대한 학설들을 계보학적으로 재검토하고자 한다.

2) 중국 검보의 기원에 대한 諸說 검토

현재 검보 기원에관한 학설은 크게 면구설, 도면설, 문신설 세 가지로 정리할 수 있다. 그러나 지금까지의 연구가 거의 세 학설 중 면구설에 집중되어 있어 상대적으로 다른 학설에 대한 연구나 새로운 학설의 발굴 노력이 저조한 상황이다. 이에 필자는 검보 기원에 관한 전체 학설을 계보학적이고 민속학적으로 재검토하고자 한다.

계보학은 지식 권력의 작용에 대한 분석을 통해 근대적 지배 속성을 밝히고자 하는 사회적, 역사적인 연구 방법론으로, 푸코의 저서 『감시와 처벌』[15]과 『성의 역사 I : 앎의 의지』[16]에 대표적으로 적용된다. 푸코의 설명에 의하면 계보학은 연구대상의 기원을 중심으로 역사성과 과학성에 대한 의문을 제기하며, 부분적이고 불연속적이며 사회적으로 인정받지 못한 지식의 소계보들을 발굴하고 그러한 지식이 어떠한 과정을 거쳐서 기존의 지식 체계에 의해 배제당하고 서열화 되는지를 탐문하여 그 서열회의 과정에 개입하는 권력의 작용과 효과를 분석하는 방법론으로 제시되어 왔다.[17] 그런 점에서 계보학은 기존의 역사적 사

---

15) 미셸 푸코 저, 오생근 역, 나남출판사, 2003. 10
16) 미셸 푸코 저, 이규현 역, 나남출판사, 2004. 6
17) 푸코 저, 이광래 역, 「니체, 계보학, 역사」(『미셸 푸코: 광기의 역사에서 성의 역사까지』, 민음사, 1971)과 푸코 저, 홍성민 역, 「18세기 질병의 정치학」(『권력과 지식: 미셸 푸코와의 대담』, 나남출판사, 1991) 참조

실과 논의를 재검토함과 동시에 중요시되어 왔던 학설에 그 가치를 재평가해 보는 기회를 갖게 한다.

검보의 기원에 관한 고찰과 이를 둘러싼 여러 논의에 있어 필요한 것은 바로 과거에 대한 기억과 이들로 점철된 역사이다. 필자는 이러한 회고의 작업을 통한 검보의 기원을 고찰하기 위해서는 어떠한 학설에 치우치거나 소홀하지 않는 계보학적 접근법을 적용하는 것이 자칫 빠지기 쉬운 본질주의적 함정에서 탈피할 방안이 되어 줄 수 있을 것이라고 판단되었다. 따라서 계보학은 기존의 큰 비중을 차지하고 있는 지배적인 이론과 일원론적 설명 방식을 거부하고 부분적이고 세부적인 지식의 자료와 이론을 발굴하고 보충하여 검보의 기원에 대한 연구사적 재검토와 재평가를 내려 줄 것이라고 기대한다.

또한 검보는 오랜 기간 동안 민간에서 축적된 문화적 산물이라 할 수 있다. 趙夢林은 『中國京劇臉譜』(朝華出版社, 2005) 서문에서 "중국의 검보는 고대의 토템에서 배태되었고, 춘추시대의 儺祭에서부터 시작되었다."라고 한 바와 같이 민간문화와 깊은 관련을 맺고 있다. 이에 본 연구는 검보의 문화적 적층성을 정확히 인식하고 수용하는 입장에서 민속학적인 연구방법으로도 진행할 예정이다.

민속학적 연구방법이란 민간 생활과 결부된 신앙, 습관, 풍속, 전설, 기술, 전승문화 등의 관점에서 연구주제에 접근하는 것을 말한다. 즉, 유무형의 연구텍스트 생산 현장인 민간에서 문화적 실천들이 형성되고 작동되는 양상과 그것이 구체적인 텍스트의 결(texture)로 반영되는 과정을 '민속'이라는 범위로 한정하여 주목하고자 한다.

이러한 연구 접근 방법은 기존의 검보 기원에 관한 학설들을 한 단계 더 심화하는데 필요한 작업이라고 판단된다.

① 面具說

검보의 기원을 면구에서 찾을 수 있다고 보는 학설은 齊如山[18]을 필두로 하여 그 뒤를 이어 姚茫父, 周華斌 등 여러 학자들이 주장하고 있다.

그중 주화빈은 중국 검보가 특히 巫儺面具가 異化된 것으로, 그것의 기원은 무나면구라고 구체적 대상물을 언급하고 있다.[19] 그렇다면 면구에서 검보로 넘어가거나 혹은 동시에 사용하는 원인은 무엇일까? 이에 대해 吳國欽은 唐代 王建의 시 「宮詞」[20]와 崔令欽의 『敎坊記』의 유명한 歌妓 龐三娘이 관중을 접견하는 이야기를 예로 들며 다음과 같이 설명하고 있다.

> 면구를 쓰고 공연을 하면, 관중이 배우의 표정변화을 보려 해도 보이지 않는다. 따라서 이것이 공연예술을 감상하는데 방해가 되기 때문에 면구를 벗게 되었고 얼굴 분장예술로 발전하게 되었다. 唐代에 배우는 '大面(戲)'에서 면구를 쓰고 공연하는 것을 제외하고, 이미 얼굴 분장을 중시하고 있었다.
>
> 戴面具演出, 觀衆對演員臉部表情的變化就會"視而不見", 這對欣賞戲劇藝術是有妨碍的, 于是, 面具被摘下來, 臉部化粧藝術發展了. 在唐代, 除"大面"戲是戴面具演出的以外, 演員已很注重面部的化粧了.[21]

吳國欽은 중국 전통극에서 면구을 벗고 얼굴 분장을 하게 된 원인을 관객에게 배우의 표정변화를 잘 보여 주기 위해서라고 비교적 타당

---

18) "臉譜出于隆古武備, 禮俗之遺"(齊如山, 「中國劇之組織」, 『齊如山全集』, 77쪽)
19) 周華斌, 「巫儺面具與戲曲臉譜-兼論中國戲曲臉譜之發生」, 『民族藝術』, 1994.4
20) "舞來汗濕羅衣徹, 樓上人扶下玉梯. 歸到院中重洗面, 金花盆裏潑銀泥."
21) 吳國欽, 「面具, 化粧與臉譜」, 『中國戲曲史漫話』, 上海文藝出版社, 1980

성 있게 설명하며, 당대에 이미 배우들의 얼굴 분장이 이루어지고 있다
고 당시 자료로 방증하고 있다.

그러나 검보 기원에 대한 면구설에 대해 반대도 긍정도 하지 않고
도면설과 병행하는 입장을 가진 학자들도 있다. 그 대표적인 학자가 바
로 任半塘이다. 그의 의견을 살펴보면 다음과 같다.

> 후대 희곡에서 검보를 그리고 대면을 쓰는 두 가지 일은 모두 唐代 大
> 面(戲)에서 시작되었다. 요즘 사람들은 모두 우리 나라 희곡에는 면구에
> 서 검보로 가는 한 가지 변천만 있는 것으로 알고 있다.……실은 극 줄거
> 리에서의 요구가 다르기 때문에 예로부터 지금까지 모두 도면 분장과 면
> 구를 동시에 병용하고 있는 것이다.
> 後世戲劇之畵臉譜與戴面具二事, 皆昉於唐之大面耳. 近人每認我
> 國戲劇中, 由面具到臉譜, 是一種演進,…… 實則因劇情之要求不同,
> 自古迄今, 皆塗面與面具同時竝用.[22]

임반당은 중국 전통극의 얼굴 분장에 있어 면구에서 검보로 일직선
상의 변천과 발전을 가져왔다는 학설에 대해 부정적인 관점을 가지고
있었다. 대신 그는 면구과 검보의 쓰임과 역할은 극의 내용과 상황에
따라 다르며, 면구과 검보 이 둘은 처음부터 각각 개별적으로 쓰이기도
하고 또 동시에 사용되기도 해왔다고 설명하고 있다.

이러한 이유 때문인지 王國維는 중국 전통극의 면구와 도면을 서로
연결시키지 않고 각각 절을 나누어 개별적으로 논의했다.[23] 최근 학자

---

22) 任半塘, 『唐戲弄』上, 上海高籍出版社, 2006. 242쪽
23) 「面具考」과 「塗面考」(「古劇脚色考」, 『王國維戲曲論文集』, 中國戲劇出版社,
    1984. 196-198쪽) 참조

가운데 龔和德[24] 역시 왕국유의 논의와 임반당의 주장에 동의하며 검보 기원에 대한 두 가지 학설을 보충하고 있있다.

1988년 翁偶虹은 中國戱曲臉譜藝述展覽會에서 기존 검보의 면구 기원설에 관한 논의에 대해 종합적으로 정리했다.

漢唐의 代面을 자양분으로 삼아 宋元의 얼굴 분장으로 발전하여 明淸의 검보를 형성하였다. 희곡이 형성된 후에도 검보와 면구는 계속 동시에 사용되었다.

지방희 중 가장 눈에 띄는 貴州의 '地戱', 江西와 安徽의 '儺戱', 西藏의 '藏戱'에서는 生·旦·淨·丑에 상관없이 모두 면구를 쓰는데 모든 극에서 많게는 백 여 차례, 적게는 수십 차례 정도 사용된다. '南昆'에서의 신선과 요괴는 일반적으로 검보를 그리지 않고 면구를 착용한다.

경극은 전국에서 공연되는 大戱로, 검보가 다양하게 발전하였음에도 불구하고 門神·財神·魁星·土地·雷公 등의 배역에서는 여전히 면구를 착용한다. 이처럼 중국 희곡의 발전은 검보와 면구의 혼용, 그리고 검보 양식의 간단함에서 복잡함으로의 변화에서 그 발전의 궤적을 살펴 볼 수 있다.

中國戱曲臉譜, 胚胎於上古的圖騰, 濫觴於春秋的儺際, 孳乳爲漢唐的代面, 發展爲宋元的塗面, 形成爲明淸的臉譜. 在戱曲形成之後, 臉譜與面具仍然交替使用. 最明顯的有貴州的地戱, 江西安徽的儺戱, 西藏的藏戱, 無論生旦淨丑, 都戴面具, 每劇多至百余, 少者亦須數十. '南昆'里的神仙鬼怪, 一般均戴面具, 幷不勾畵臉譜. 京劇是具有全國性的大劇種, 大量發展臉譜, 可是加官財神魁星土地雷公仍戴面具. 從臉譜面具的混合使用與臉譜譜式的由簡至繁, 可以看出中國戱曲累遞發展的軌迹.[25]

---

24) 「京劇臉譜硏究(一)」, 『中國戱劇』, 2003年7期
25) 조몽림, 앞의 책, 서문 4쪽 재인용

위 면구설을 주장하고 있는 학자들의 학설은 대략 세 가지로 정리된다. 첫째, 검보는 주로 나희나 신선·요괴 면구류의 영향을 받아 형성된 얼굴 분장으로 볼 수 있다. 둘째, 배우와 관객의 소통을 원활하게 하기 위해 배우의 표정변화를 가렸던 면구를 벗고 대신 면구에 그려진 그림을 배우의 얼굴에 직접 그렸다고 볼 수 있다. 셋째, 극 정황이나 인물 형상의 표현에 있어서 면구의 역할이 필요할 때에는 면구를 검보와 함께 사용하였음을 알 수 있다.

② 塗面說

도면설은 검보의 기원을 얼굴에 분장을 하는 데서 찾을 수 있다고 보는 학설로, 학자들에게 가장 보편적이고 일반적인 학설로 인식되고 있다.

도면 화장은 언제부터 시작하였는지 지금으로선 정확하게 알 수 없으나, 공와덕의 고증에 따르면 고대 문헌상에서는 대체로 춘추전국시대에 처음 보인다. 이에 대한 상황을 볼 수 있는 글로 陳壽의 『三國志』권21 邯鄲淳에 관한 주에서 인용한 『魏略』을 살펴본다.

조식이 처음에 邯鄲淳을 얻어 매우 기뻐하며 연회에 입석했는데 (邯鄲淳과) 먼저 말을 나누지 않았다. 당시 날이 무더워 조식은 시종를 불러 물을 가져오게 하여 직접 씻고 나서 분을 발랐다. 맨 머리에 소매를 어깨까지 걷어 올리고 胡舞 五椎鍛를 추고, 跳丸과 擊劍을 공연하고, 배우들의 소설 수천 마디를 암송하였다.
植初得淳甚喜, 延入坐, 不先與談. 時天暑熱, 植因呼常從取水自澡訖, 傅粉. 逐科頭拍袒, 胡舞五椎鍛, 跳丸擊劍, 誦俳優小說數千言.

배우들의 공연 얼굴 분장에 대한 묘사는 唐代 문헌에서 좀더 구체적으로 보이기 시작한다. 이를 中唐 시인 孟郊(751-814)의 「彈歌行」를 예로 살펴본다.

> 역귀를 쫓을 때 북을 치고 긴 피리를 불었는데,
> 파리한 귀신은 얼굴에 칠을 하고 오직 이빨만 허옇구나.
> 驅儺擊鼓吹長笛,
> 瘦鬼染面惟齒白.

위에서 인용한 맹교의 시를 통해, 당대 중기 驅儺 의례에서는 기존의 면구 착용 대신 얼굴에 분장을 하기도 했었다는 것을 알 수 있다. 당대의 귀신 분장 형태에 대해 晩唐 시인 溫庭筠(814-870)의 「乾讚子」에서 더 자세히 파악할 수 있다.

> 얼굴에 (검은) 먹 칠하고 쪽빛 적삼을 걸쳐 입어 귀신으로 분장하고는 (춤) 한 곡 추고 천천히 따라 나간다.
> 墨塗其面, 著碧衫子作神, 舞一曲慢趨而出.

위 시는 온정균이 무대에서 춤을 추는 무희 혹은 배우의 귀신 얼굴 분장 형태를 묘사한 것이다. 바로 무대에 서는 무희나 배우들에게 있어 얼굴 분장은 美를 위해서 하는 작업이기도 하지만 자신의 배역과 공연 컨셉트를 표현하는 무대 분장이기도 했던 것이다. 또 後唐 때 庄宗 李存勖은 자신이 직접 얼굴 분장을 하고 다른 배우들과 함께 공연을 하기도 했었다.

> 황제는 때때로 직접 분을 검게 바르고 배우들과 함께 뜰에서 공연을 하기도 했다.
> 帝或時自傳粉墨, 與優人共戲於庭.26)

장종은 위의 인용문에서처럼 얼굴에 검은색 분을 바르고 골계 연기를 하기도 했다.[27] 이로 보아 당대에는 극의 내용과 역할에 맞게 얼굴 분장을 하고 공연하는 것이 일반적인 상황이었음을 알 수 있다.

송잡극과 금원본 이후부터는 배우들이 얼굴 분장을 하고 공연을 하는 것이 일반적이었으며, 더 나아가 각색에 따라 세분화되어 각기 다른 특징적인 분장을 했다는 기록도 여러 문헌에서 보인다.[28]

③ 文身說

검보의 기원을 문신에서 찾을 수 있다고 보는 학설을 심도있게 연구한 대표적인 학자는 董每戡이다. 그의 연구성과를 바탕으로 검보 기원의 문신설을 고찰해 보고자 한다.

그는 검보 기원의 문신설에 대해 연구하게 된 동기와 입장을 아래와 같이 말하고 있다.

> 모두가 다 알고 있듯이 검보는 그것 자체의 역사를 가지고 있다.……줄곧 근원을 멀리 거슬러 올라가 고대인의 문신 습속으로 연결시키고 있는데 나는 이를 독창적인 의견이라고 보지 않는다. 단지 사람들이 그렇게 제기할 뿐 어느 누구도 문신에서 검보로 어떻게 발전했는지, 심지어 문신의 의미와 문신을 왜 했어야 하는지, 또 검보는 문신의 어떤 의미를 계승했는지 등등에 대해 상세하게 말한 사람이 없어 내게 논설을 벌일 여지를 남겨 주었다. 그래서 검보를 말하려 한다.
> 誰都知道, 臉譜有它自己的前史,……. 溯遠源, 一向都認爲系由于古代人'文身'的習俗, 我對這幷沒有獨創的意見. 只是人家雖都這樣提

26) 『資治通鑑』「後唐紀一」
27) 『五代史評話』「唐話」卷下 참조
28) 黃殿祺, 『中國戲曲臉譜』, 북경공예미술출판사, 2003 69-84쪽 참조

> 過，却還未有人詳談過怎樣由文身發展到臉譜，甚至文身的意義和爲
> 甚麼要文身，臉譜又繼承了文身的甚麼意義等等，留下給我嘵舌的餘
> 地，于是乎要說臉譜.29)

윗 글에서 살펴 볼 수 있는 바와 같이, 동매감은 기본적으로 검보의
기원을 고대 중국의 문신 습속에 둔다는 입장에 대해서는 동의하는 논
조를 띠고 있다. 그는 또 같은 글 다른 페이지에서 자신의 입장을 더욱
명확하게 표현하고 있다.

> 사실 이러한 검보들은 모두 얼굴에 바꿔 고쳐 새겨 그리고 (물감)을 바
> 르는 것일 뿐이다.
> 其實這些(臉譜)都止不過改刺繪在臉上而成塗抹在臉上罷了.30)

그러나 그는 문신설에 대해 깊이 있는 연구가 이루어지지 못 한 기
존의 연구성과에 대해 아쉬움을 남기며, 기존 선행연구를 바탕으로 관
련 연구를 보충할 필요성을 피력하고 있다.

우리는 고대 문헌에서 고대 중국인의 문신 습속을 알 수 있는 기록
을 찾기가 그리 어렵지 않다. 이와 관련한 내용은 『禮記』卷12에서 살
펴 볼 수 있다.

> 이마에 새기고 색을 칠해 그곳을 물들인다.
> 刺刻身上額頭, 以丹青涅之.

이 시기에는 얼굴에 칼이나 날카로운 도구로 원히는 문양이나 글씨

---

29) 董每戡,「說臉譜」,『說劇』, 人民文學出版社, 1983, 320쪽 참조
30) 동매감, 앞의 책, 327쪽 참조

혹은 그림을 새기고 물감으로 그곳을 발라 물들이는 행위를 했던 것이다.

이외에 『史記』의 「越王勾踐世家」와 「吳太伯世家」에도 문신을 행하는 풍속이 보인다. 이 자료들에 따르면, 고대 중국에서 문신을 하는 습속은 주로 월 지역에 가장 많이 성행했던 것으로 보인다. 때문에 중원을 중심으로 한 중앙정권을 이루고 있던 고대 중원사람들에게는 문신이 대부분 남방이나 야만적인 이민족의 습속으로 치부되고 있다. 그러나 여러 전적의 기록으로 볼 때 한족 역시 문화형성 초기에는 문신문화를 가지고 있었을 가능성도 배제할 수 없다.[31]

동매감은 중국 고대인들이 위와 같이 문신을 하는 이유를 계급을 식별하기 위한 표시와 아름다워지기 위한 장식 두 가지로 설명하고, 검보는 이 두 가지를 모두 계승하였다고 논증하고 있다.[32] 다시 말해, 이는 색, 유형, 아이콘 등 검보를 구성하는 시각적 이미지의 내용과 형식은 문신의 의미 전달을 위한 표시 기능을 계승하였고, 다양한 색과 독특한 디자인 등의 심미적인 면은 문신의 아름다움을 위한 장식의 기능을 전수받았음을 의미이다. 따라서 그는 지금의 검보는 고대 문신의 습속에서 왔음을 논리적으로 주장하고 있다.

앞서 논의한 내용을 정리하면 다음과 같다.

기존의 자료와 과거의 정황을 통해 살펴보면 검보에 대한 의미와 범주는 크게 두 가지로 정리할 수 있다.

첫째, 예로부터 전해 내려오는 도면 분장의 형식과 기법을 전수한다는 계통성을 함의하고 있는 얼굴 분장 계보의 의미를 지니고 있다.

---

31) 彭華, 「百越文身習俗新探」, 『宜賓學院學報』, 1994 참조
32) 동매감, 앞의 책, 327-336쪽 참조

둘째, 도면 분장을 종이나 비단 등의 매체에 기록해서 책으로 만든 얼굴 분장 譜帖의 의미를 지니고 있다.

이렇듯 계통화되고 유형화된 검보는 주로 관객이 인지할 수 있는 보편적인 기호와 상징질서 안에서 등장인물의 스테레오타입을 시각적으로 표현하는데 사용되고 있다. 본고에서는 검보의 시각적 재현방식인 구도유형, 색, 아이콘 세 가지 가운데 구도유형과 색에 집중하여 고찰하였다. 구도유형은 그 특징에 따라 整臉 三块瓦臉 十字門臉 六分臉 碎花臉 歪臉 僧道臉 太監臉 元寶臉 象形臉 神仙臉 丑角臉 英雄臉 小妖臉 등 14종으로 정리할 수 있으며, 현재 경극 검보에 사용되는 색은 홍색, 자주색, 흑색, 백색, 남색, 녹색, 황색, 주황색, 회색, 금색, 은색 등으로, 인물의 자연스런 피부색의 과장에서 성격을 상징하는 우의적인 색을 사용하는 것으로 발전되었다.

위의 작업을 바탕으로 필자는 기존의 자료와 연구 성과를 찾아내어 체계적으로 정리하고 연구 환경 상 소외되었던 검보 기원에 대한 학설들을 계보학적으로 재검토해 보았다.

현재 검보 기원에 관한 학설은 계보학적인 관점에서 기존의 연구자료를 바탕으로 면구설, 도면설, 문신설 세 가지로 정리하였다. 그러나 지금까지의 연구가 거의 세 학설 중 면구설에 집중되어 있어 다른 학설에 대한 연구나 새로운 학설의 발굴 노력이 저조한 상황이다.

본고에서는 검보의 발생론적이며 연구사적 입장에서 기존의 자료와 논의를 체계적으로 정리하고 재검토를 시도하였다. 그러나 필자는 관련 자료 수집에 대한 한계로 인해 심도 있는 논의를 이루지 못 한 아쉬운 점을 차후의 숙제로 남겨 보충하고자 한다.

참고문헌

趙夢林, 『中國京劇臉譜』, 朝華出版社, 2005

조몽림 저, 정유선 역, 『中國京劇臉譜』, 차이나하우스, 2007

黃殿祺, 『中國戲曲臉譜文集』, 中國戲劇出版社, 1995

齊如山, 「臉譜」, 『齊如山全集』第一冊, 上海書店, 1990

王夢生, 『利園佳話』[文藝叢刊甲集], 商務印書館, 1915

王國維, '面具考', 「古劇脚色考」, 『王國維戲曲論文集』, 中國戲劇出版社,
      1984

_____, '塗面考', 「古劇脚色考」, 『王國維戲曲論文集』, 中國戲劇出版社,
      1984

董每戡, 『說劇』, 人民文學出版社, 1983

任牛塘, 『唐戲弄』上冊, 上海古籍出版社, 2006

陳逸民, 『面具』, 上海人民美術出版社, 2002

王朝聞 總主編, 『中國民間美術全集』卷11, 山東敎育出版社, 1993-1995

송철규, 『경극』, 살림, 2001

한국희곡학회, 『중국의 탈과 탈놀이』, 신아사, 1999

푸코 저, 이광래 역, 『미셸 푸코: 광기의 역사에서 성의 역사까지』, 민음사,
      1971

푸코 저, 홍성민 역, 『권력과 지식: 미셸 푸코와의 대담』, 나남출판사, 1991

劉琦, 「談京劇程式的可塑性」, 『藝術百家』, 2002年 第1期.

周華斌, 「巫儺面具與戲曲臉譜-兼論中國戲曲臉譜之發生」, 『民族藝術』,
      1994.4

_____, 「神豆鬼面-中國最早的臉譜造型」, 『文藝研究』, 2003.5

王希平, 「臉兒與臉譜」, 『尋根』, 1995.2

龔和德, 「京劇臉譜研究(一)」, 『中國戲劇』, 2004.7

_____, 「京劇臉譜研究(二)」, 『中國戲劇』, 2004.8

_____, 「京劇臉譜研究(三)」, 『中國戲劇』, 2004.9

倪寶誠, 「面具藝術與戲曲臉譜」, 『中州統戰』, 2000.11

完恩全, 「粉墨靑紅, 縱橫于面-臉譜鎖談」, 『藝術百家』, 1995.4

章文虎, 「淺談京劇的藝術特徵」, 『文化時空』, 2002.4

盛華, 「京劇臉譜 系統分析 業余愛好 學習繼承」, 『中國京劇』, 1995.5

黃殿祺, 「面具和塗面化粧的演進」, 『中國戲曲臉譜論文集』, 中國戲劇出版社, 1994.5

吳國欽, 「面具、化粧與臉譜」, 『中國戲曲臉譜論文集』, 中國戲劇出版社, 1994.5.

李繼發, 「陝西社火臉譜的淵源及其藝術特點」, 『中國戲曲臉譜論文集』, 中國戲劇出版社, 1994. 5

顧朴光, 「面具的界正和分類」, 『貴州民族學院學報』 哲學社會科學版, 1994.2

曲六乙, 「面具、宗教祭祀、原始戲劇」, 『戲劇』, 1994.2

彭華, 「百越文身習俗新探」, 『宜兵師傳學報』(社會科學版), 1994年 第1期.

林琳, 「形形色色的文身」, 『世界民族』, 1997年 第4期.

馬林濤, 「唐代民間社會的文身習俗」, 『民俗研究』, 2002年 제1期.

陳華文, 「試論文身的起源文化功能」, 『廣西民族學院學報』(哲學社會科學版), 1996年 第2期

李繼友, 「陝西社火臉譜的淵源及其藝術特徵」, 『中國戲曲臉譜文集』, 中國戲劇出版社, 1995

葉文熹, 「中國陝西社火臉譜・跋」, 『中國戲曲臉譜文集』, 中國戲劇出版社, 1995

張志強, 「漫話秦腔臉譜藝術」, 『中國戲曲臉譜文集』, 中國戲劇出版社, 1995

楊德佑, 「漢劇的臉譜藝術」, 『中國戲曲臉譜文集』, 中國戲劇出版社, 1995

元丁, 「川劇臉譜」, 『中國戲曲臉譜文集』, 中國戲劇出版社, 1995

雷震, 「『江西古典戲曲臉譜選集』前言」, 『中國戲曲臉譜文集』, 中國戲劇出版社, 1995

關明, 「『豫劇臉譜集』說明」, 『中國戲曲臉譜文集』, 中國戲劇出版社, 1995

湖南省戲曲工作室, 「湖南地方戲臉譜簡介」, 『中國戲曲臉譜文集』, 中國戲劇出版社, 1995

李楚池, 「簡談豫劇臉譜」, 『中國戲曲臉譜文集』, 中國戲劇出版社, 1995

中國戲劇家協會廣東分會, 「奧劇臉譜簡介」, 『中國戲曲臉譜文集』, 中國戲劇出版社, 1995

黃楓, 「桂劇的臉譜」, 『中國戲曲臉譜文集』, 中國戲劇出版社, 1995

劉鈸, 「白劇臉譜」, 『中國戲曲臉譜文集』, 中國戲劇出版社, 1995

김학주, 「변검, 경극」, 『(신의 표정 인간의 몸짓)중국탈』, 국립민속박물관, 2002

_____, 「현대 중국의 탈과 탈놀이」, 『(신의 표정 인간의 몸짓)중국탈』, 국립민속박물관, 2002

전경욱, 「한중 가면극에 등장하는 가면의 형태와 미학」, 『(신의 표정 인간의 몸짓)중국탈』, 국립민속발물관, 2002

周華斌, 「중국 가면의 원류」, 『(신의 표정 인간의 몸짓)중국탈』, 국립민속발물관, 2002

曲六乙, 「중국 탈놀이의 특징과 분류」, 『(신의 표정 인간의 몸짓)중국탈』, 국립민속발물관, 2002

鄭有善, 「검보, 스테레오타입의 시각적 재현」, 『중국소설논총』29집, 한국중국소설학회, 2009.3

_____, 「봉신희 검보 아이콘 읽기」, 『중국소설논총』30집, 한국중국소설학회, 2009.9

黃鈞 等 共著, 『京劇文化詞典』, 漢語大詞典出版社, 2001

『中國大百科全書』 「戲曲曲藝」卷, 中國大百科全書出版社, 1983

2. 스테레오타입의 시각적 재현

검보는 경극의 얼굴화장 가운데 하나로, 주로 淨과 丑 두 배역에 사용되며 인물에 따라 그 나름의 독특한 색과 도안을 가지고 있다. 검보는 세계 어느 나라에서도 찾아 볼 수 없는 중국 공연예술의 대표적인 얼굴분장이라 할 수 있다.

이러한 검보의 색과 도안은 극을 공연하는 배우들이 오랜 시간동안 공연 현장의 불특정 다수 관객들과의 소통을 통해 이루어진 것이다. 검보는 오랜 세월동안 여러 문화적 요소들이 흡수되어 형성된 적층적 문화의 표상으로, 극 속에서 배우와 관객의 상호교감과 호흡을 이끌어 내는 요소 중 하나라고 할 수 있다. 따라서 검보는 단순히 각 등장인물의 얼굴에 색과 도안을 그린 화장이라는 일반적인 이해를 넘어서는 더 큰 의미를 지닌다.

여기에서 주목할 것은 검보가 극 중 등장인물의 캐릭터에 대해 '오랫동안 관객과의 소통을 통해 만들어진 시각적 표상'이라는 것으로, 이것이 바로 일반 대중에게 이미 고착화되어 버린 그 배역에 대한 이미지이다. 필자는 이러한 관객들에게 고정화된 극 중 배역의 이미지를 스테레오타입(stereotype)으로 보고자 한다. 스테레오타입은 "특정한 인물이 미디어 텍스트 상에서 가장 단순한 의미로 고정되어 지속적으로 반복된 결과, 보는 사람들로 하여금 그것을 의심 없이 받아들이게 만드는 고정관념"을 말한다.[33] 검보는 각 극에 등장하는 인물의 스테레오타입

---

33) 강인경, 「스테레오타입에 대하여(2)」,『미디어교육』, 우리초등교육, 1999.5 139쪽 참조

을 독특한 상징과 기호를 이용하여 시각적으로 재현한 미디어 텍스트라고 볼 수 있다.

따라서 본 장에서는 중국인은 물론 동양인이라면 누구나 알 수 있는 익숙한 스테레오타입을 제공하는 三國戲[34] 공연에 사용되는 검보를 연구대상으로 삼아 경극 검보의 구성 원리와 여기에 담겨 있는 사회문화적 의미를 고찰하고자 한다. 기본 텍스트는 2005년 中國 朝華出版社에서 출판된 趙夢林의 『中國京劇臉譜』에 수록된 삼국희 관련 작품에 등장하는 인물의 검보를 대상으로 하였다. 이를 정리하면 아래와 같다.

○ 삼국희 관련 작품 33편

「甘露寺」, 「擊鼓罵曹」, 「古城會」, 「空城計」, 「過五關」, 「過巴州」, 「群英會」, 「單刀會」, 「壇山谷」, 「來陽縣」, 「博望坡」, 「百騎劫魏營」, 「鳳鳴關」, 「鳳儀亭」, 「鳳凰二喬」, 「小桃園」, 「逍遙津」, 「水淹七軍」, 「失街亭」, 「陽平關」, 「連營寨」, 「長坂坡」, 「戰北原」, 「戰宛城」, 「戰渭水」, 「戰長沙」, 「定軍山」, 「走麥城」, 「天水關」, 「鐵籠山」, 「七擒孟獲」, 「芦花蕩」, 「華容道」

○ 등장인물 52명 81개 검보

姜維, 賈華, 孔秀, 郭淮, 關羽, 關平, 旗牌, 凌統, 董卓, 杜襲, 鄧艾, 馬謖, 孟達, 孟譚, 孟獲, 慕容烈, 文聘, 龐統, 沙摩柯, 司馬師, 司馬懿, 徐晃, 孫權, 樂進, 嚴顔, 呂夢, 于禁, 魏延, 蔣干, 張飛, 張苞, 張郃, 蔣欽, 典韋, 程普, 曹操, 조洪, 周倉, 周泰, 秦琪, 蔡陽, 焦炳, 探子, 太史慈, 夏候德, 夏候惇, 夏候蘭, 夏候淵, 韓德, 許褚, 華歆, 黃盖[35]

---

34) 삼국희란 삼국 관련 이야기를 연출한 모든 공연예술을 통칭한 말이다.

35) 趙夢林의 『中國京劇臉譜』(朝華出版社, 2005)에 삼국희 등장인물의 검보에 붙여진 번호를 나열하면 다음과 같다. 姜維(49번), 賈華(70번), 孔秀(62번), 郭淮(68번), 關羽(43,357,358,359,360번), 關平(364번), 旗牌(389번), 凌統(78번), 董卓(69번), 杜襲(365번), 鄧艾(52번), 馬謖(71번), 孟達(47,349번), 孟譚(61번), 孟

1) 등장인물의 스테레오타입

> 王彭은 일찍이 "거리의 아이들은 경박하고 아둔하여 집안의 골칫거리였다. 간혹 그 아이들에게 돈이라도 주면 곧장 모여 앉아 옛날이야기를 들었다. 삼국 이야기를 할 때는 유현덕이 졌다고 하면 이마를 찡그리며 눈물을 흘리고, 조조가 졌다고 하면 좋아서 소리를 질렀다."고 하였다.
> 王彭嘗云: 塗巷中小兒薄劣, 其家所厭苦, 輒與錢, 令聚坐聽說古話.
> 至說三國事, 聞劉玄德敗, 顰蹙有出涕者; 聞曹操敗, 則喜唱快.[36]

이 글은 북송 때 어느 거리의 아이들이 삼국 이야기를 듣고 있는 모습을 설명하는 蘇軾의 『東坡志林』卷一 「懷古」'塗巷小兒聽說三國語'의 일부이다. 윗글의 내용을 보면, 삼국 이야기에 등장하는 조조에 대한 부정적인 이미지와 유비에 대한 긍정적인 이미지가 동네 평범한 아이들에게 이미 자리 잡고 있음을 단적으로 시사하고 있다.

삼국 이야기에 등장하는 인물들의 스테레오타입은 오랜 세월에 걸쳐 형성되고 반복되었으며, 다시 재생산되어 일반대중에게 이미 하나의 고정관념으로 자리 잡고 있다. 그래서인지 우리 역시 간웅이라 불리는 조조 이미지, 仁化의 화신인 유비 이미지, 의리와 충절의 관우 이미지

獲(380번), 慕容烈(348번), 文聘(352번), 龐統(42번), 沙摩柯(48번), 司馬師(66번), 司馬懿(65번), 徐晃(60번), 孫權(75번), 樂進(386번), 嚴顔(46번), 呂夢(74번), 于禁(368번), 魏延(45,376번), 蔣干(67번), 張飛(41,369,370,371,372번), 張苞(50번), 張郃(58,387번), 蔣欽(77번), 典韋(55,353,374번), 程普(72번), 曹操(53,367,381,382,383,384번), 曹洪(59,366번), 周倉(363번), 周泰(44,79,361,362번), 秦琪(64번), 蔡陽(63번), 焦炳(347번), 探子(388번), 太史慈(76,375번), 夏候德(51번), 夏候惇(54,391번), 夏候蘭(385번), 夏候淵(56,351,355,356번), 韓德(350번), 許褚(57,354,373번), 華歆(390번), 黃盖(73번)

36) 蘇軾, 『東坡志林』卷一 「懷古」, 中華書局, 1997 7쪽

그리고 하늘도 속일만한 지혜의 소유자인 제갈량 이미지 등 굳이 삼국 관련 공연이나 소설을 보지 않아도 주요 등장인물의 스테레오타입을 떠올리기란 어렵지 않다. 이러한 등장인물들의 정형화된 이미지는 과거 역사 속 실제 인물의 행적과는 별도로 생산되어진 사회적 산물이라 할 수 있다.

우리는 삼국 이야기 속 등장인물의 스테레오타입 생산 주체가 누구인지, 어느 집단인지에는 개의치 않고 동서고금을 막론하고 이미 고정된 이미지를 현재까지도 그것의 본질에 대한 고찰이나 비판적 시각 없이 자연스럽게 받아들이고 있다. 그리고 심지어 우리는 실제 역사 속 인물의 이미지보다는 이야기 속에서 만들어진 등장인물로서의 이미지를 현실 세계까지 끌어 들이고 있다.

이규완이 대학생을 대상으로 삼국지에 등장하는 인물의 이미지 구성에 현실적으로 영향을 줄 수 있는 정사 삼국지, 삼국지연의, 그리고 삼국지 관련 인터넷 사이트, PC 게임 등 각기 다른 삼국지에 관한 정보원에 따라 소설 삼국지에 등장하는 리더 14명의 이미지에 관해 설문조사하고 분석한 결과, 대체로 소설 삼국지연의 등장인물의 이미지와 비중에서 기존 인식의 틀을 크게 벗어나지 않았다.[37] 이러한 조사연구는 우리에게 시사하는 바가 매우 크다.

---

37) 이규완은 이 연구에서 리더로 분류한 인물들은 일정한 기간 동안 한 집단의 우두머리 역할을 했는지를 기준으로 삼아 조조, 유비, 손권, 원소, 원술, 공손찬, 유표, 장로, 동탁, 이각과 곽사, 손견, 손책, 여포 14명을 선택했다. 그러나 그는 제갈량과 관우와 같은 인물은 리더 이상으로 뚜렷한 이미지를 갖고 있지만, 엄밀한 의미에서 한 집단의 리더가 아닌 추종자로 구분했다.(이규완, 「소설 삼국지에 등장하는 리더의 이미지에 관한 연구」, 『언론과학연구』제3권 1호, 한국지역언론학회, 2003.4참조)

이러한 현상이 일어나게 된 주요 원인으로 삼국지 등장인물의 스테레오타입 형성과 수용과정에서 갖가지 정치, 사회, 문화적 작용과 대중의 담론 등이 있겠으나, 본고에서 필자는 이러한 현상의 주요요인을 스테레오타입이 실현되는 방식이라는 각도에서 보고자 한다. 이는 스테레오타입을 형성하고 유통하며 수용하는 매체의 시작이 논리적 사고를 요하는 문자텍스트가 아닌 현장성을 지닌 공연의 형태로부터 일반대중에게 접근했기 때문이다. 따라서 본 장에서는 삼국희 등장인물의 스테레오타입을 형성하게 된 공연의 특성과 등장인물의 스테레오타입 유형에 대해 살펴보고자 한다.

① 경극 삼국희 공연양상

삼국 이야기에 관련한 공연은 元代 『全相平話三國志』와 明代 소설 『三國志演義』 출간 이전부터 다양한 형태와 내용으로 연출되고 있었다. 대부분의 삼국희는 형식과 내용에 있어 삼국 관련 특정인물과 특정사건을 소재로 한 이야기가 한 꼭지씩 講唱되거나 단막극으로 공연되었다.[38]

이러한 상황은 경극에서도 마찬가지이다. 본고에서 연구 텍스트로 삼은 33편의 경극 작품을 주요인물과 내용별로 정리하면 아래의 표와 같다.[39]

---

38) 김진곤의 박사학위논문 『宋元平話研究』(서울대학교 박사학위논문, 1996) 부록 255쪽 참조

39) 위의 표는 黃鈞 等의 『京劇文化詞典』(漢語大詞典出版社, 2001)과 120回本 『三國志演義』를 바탕으로 정리하였다. 본고의 기본 텍스트로 삼은 33편 중 29편은 『京劇文化詞典』에 수록되어 있는 82편의 삼국희 속에 들어 있으며, 나머지 4작품은 중국인터넷 사이트 中國雅虎(www.cn.yahoo.com)와 百度(www.baidu.com) 그리고 소설 『삼국지연의』와 대조하여 작성하였다.

「경극 삼국희 33편의 내용과 주요등장인물」

극목	주요인물	삼국지연의 해당 회	내용[40]
甘露寺	유비	54회	吳國太佛寺看新郎, 劉皇叔洞房續佳偶
擊鼓罵曹	조조	23회	禰正平裸衣罵賊
古城會	관우	28회	會古城主臣聚義
空城計	제갈량	44회	孔明用智激周瑜, 孫權決計破曹操
過五關	관우	27회	美髯公千里走單騎, 漢壽侯五關斬六
過巴州	장비	63회	張翼德義釋嚴顏
群英會	조조	45~49회	三江口曹操折兵 群英會蔣幹中計
耒陽縣	방통	57회	耒陽縣鳳雛理事
單刀會	관우	66회	關雲長單刀赴會
壇山谷	강유	114회	姜維棄糧勝水魏兵
博望坡	제갈량	39회	博望坡軍師初用兵
百騎劫魏營	능통, 감녕	68회	甘寧百騎劫魏營
鳳鳴關	조자룡	92회	趙子龍力斬五將
鳳儀亭	동탁, 여포	8회	董太師大鬧鳳儀亭
鳳凰二喬	손책, 주유	44회	孔明用智激周瑜
小桃園	유비	81회	急兄讎張飛遇害, 雪弟恨先主興兵
逍遙津	손권, 장요	66회	張遼威震逍遙津
水淹七軍	관우	74회	關雲長放水淹七軍
失街亭	제갈량	95회	馬謖拒諫失街亭
陽平關	조조	71회	曹操平定漢中地
連營寨	유비	84회	陸遜營燒七百里, 孔明巧布八陣圖
長坂坡	조자룡	42회	張翼德大鬧長板橋
戰北原	제갈량	102회	司馬懿占北原渭橋, 諸葛亮造木牛流馬
戰宛城	조조	16회	呂奉先射戟轅門, 曹孟德敗師淯水
戰渭水	제갈량	94회	諸葛亮乘雪破羌兵
戰長沙	관우	53회	關雲長義釋黃漢升,
定軍山	황충, 장합	70회	猛張飛借取瓦隘, 老黃忠計奪天蕩山
走麥城	관우	76회	關雲長敗走麥城

극목	주요인물	삼국지연의 해당 회	내용[40]
天水關	제갈량, 강유	93회	姜伯約歸降孔明
鐵籠山	강유	109회	困司馬漢將奇謀, 廢曹芳魏家果報
七擒孟獲	제갈량	90회	驅巨獸六破蠻兵, 燒藤甲七擒孟獲
芦花蕩	유비, 주유	55회	玄德智淚孫夫人, 孔明二氣周公瑾
華容道	제갈량	50회	諸葛亮智算華容, 關雲長義釋曹操

위의 표를 근거로, 경극 삼국희의 공연양상을 몇 가지로 정리할 수 있다.

첫째, 경극 이전 전통극의 공연양식과 마찬가지로 경극 삼국희 역시 삼국 관련 특정인물과 특정사건을 소재로 한 단막극을 위주로 공연되었다. 이러한 공연양식은 공연의 시간적·공간적·경제적 제약으로 인해 장편의 삼국 이야기를 한 호흡으로 공연하기에는 어려운 상황이기 때문이다. 따라서 삼국희는 連臺本戲보다는 일반 청중이 가장 재미있어 하거나 좋아하는 折子戲의 형태로 공연되어 왔다.

둘째, 공연내용이 대부분 촉을 세운 유비진영에 치우쳐 있다. 위에 열거된 작품 가운데 「擊鼓罵曹」, 「群英會」, 「百騎劫魏營」, 「鳳儀亭」, 「鳳凰二喬」, 「逍遙津」, 「戰宛城」을 제외하고는 모두 유비진영의 인물과 사건이 영웅적이고 긍정적인 면이 부각되고 있다. 그리고 이 일곱 작품의 내용 역시 꾀 많고 오만하며 비겁한 조조가 망신을 당하거나 오와의 싸움에서 대패하는 상황, 동탁과 여포의 싸움, 손책과 원술의 싸움 등으로 유비진영과 직접적으로 관계는 없지만 극 속 등장인물의 활약이 관객들에게 긍정적이기보다는 부정적인 이미지를 심어 주는데

---

40) 서술의 편의상 『三國志演義』해당 回의 제목을 기입하였다.

일조하고 있다.

셋째, 극 중 주요 등장인물의 등장횟수에 있어 촉 진영 인물들이 위나 오에 비해 현격히 많다. 陳壽의 正史『三國志』에 실려 있는 인물은 위나라 136명(魏書: 本紀 6명, 傳 130명), 촉나라 68명(蜀書: 傳 68명), 오나라 93명(吳書: 傳 93명)으로 되어 있다.[41] 촉서에 실려 있는 인물은 위나라나 오나라에 비해 상대적으로 적은 수임에도 불구하고, 공연에서는 무대에 노출되는 주요 등장인물이나 횟수가 촉서와는 매우 다른 양상을 보여 주고 있다.

위: 조조(4회), 장요(1회), 장합(1회)
촉: 제갈량(8회), 관우(6회), 유비(4회), 강유(3회), 조자룡(2회), 방통(1회),
　　장비(1회), 황충(1회)
오: 주유(2회), 감녕(1회), 능통(1회), 손권(1회), 손책(1회)
기타: 동탁(1회), 여포(1회)

위의 두 번째과 세 번째 특징은 비단 본고의 텍스트로 삼은 33편의 삼국희에 국한된 것은 아니다. 『京劇文化詞典』에 수록된 82편의 삼국희 중 80%가량이 유비진영을 중심으로 한 인물과 사건을 극화한 작품이었다.[42] 따라서 이 같은 삼국희 공연양상을 경극 삼국희 전반에 적용시켜도 크게 무리가 없을 듯 하다.

---

41) 陳壽, 『三國志』, 中華書局, 2007
42) 黃鈞 等 篇, 『京劇文化詞典』, 漢語大詞典出版社, 2001 324-341쪽 참조. 鍾揚의 분석에 따르면 『삼국지연의』의 내용 역시 유비진영의 내용이 전체의 2/3를 차지하고 있다고 한다.(「七實三虛還是三實七虛-三國演義創作方法新證」, 『安慶師院社會科學學報』1991年3期)

앞서 언급한 공연양식, 공연내용, 주요 등장인물의 등장횟수를 특징으로 하는 삼국희는 각 등장인물의 스테레오타입 형성에, 그리고 이미 형성된 각 등장인물의 스테레오타입은 삼국희 공연양상에 상호영향을 끼쳤을 것으로 본다. 이 같은 내용과 등장인물로 구성된 공연이 자주 반복될수록 관객에게는 등장인물에 대한 이미지가 더욱더 확실하고 강하게 각인될 것이다.

② 등장인물의 스테레오타입 유형

문화연구가 스튜어트 홀(Stuart Hall)은 스테레오타입을 "복잡한 차이들을 하나의 단순한 골판지 컷 아웃으로 축소시킨 결과에서 나온 일방적인 묘사"라고 정의하고, 두 개의 상반되는 반 쪽, 즉 좋고 나쁜 측면으로 나뉘는 분열, 혹은 이중성을 그것의 특징으로 삼았다. 이렇게 양분된 것 사이와 또 각 범주 안에 있는 많은 차이들은 사라지고 단순화되어 버리므로, 일방적으로 묘사된 타자의 특징은 하나의 기호가 되고, 그 기호들이 주체의 존재, 즉 그것의 본질을 정의해 버리는데서 정형화가 발생한다고 하였다.[43]

특히 스테레오타입과 공식에 의존하는 집단예술[44]에는 그것의 본질이 어떠한지에 대한 고려의 여지나 반영도 없이 집단에 의해 스테레오타입화 되어 버린 이분법적 정형화가 더욱 두드러진다고 할 수 있다.

---

43) Stuart Hall, "The West and the Rest: Discourse & Power", Formation of Modernity; eds. Stuart Hall & Bram Gieben, Cambridge, Polity Press/The Open University, UK, 1992, pp. 276~331(김현주, 「스테레오타입: 재현된 아시아 여성과 아시아계 미국 여성의 재현」, 『서양미술사학회논문집』24집, 서양미술사학회, 2005.12 재인용)
44) 제임스 프록터 저, 손유경 역, 『지금 스튜어트 홀』, 앨피, 2006 54~61쪽 참조

스튜어트 홀이 주장한 스테레오타입의 특징은 삼국희 등장인물의 스테레오타입에 적용해도 크게 벗어나지 않는다. 삼국희 등장인물의 스테레오타입은 대부분 이항대립적으로 정형화되어 있다고 볼 수 있다. 여기에 경극 자체의 정형화[程式]되고 유형화된 특성[45]의 가세는 인물의 정형화를 한층 더 강화시키는 결과를 낳았다고 볼 수 있다.

그렇다면 삼국희 등장인물의 스테레오타입의 이항대립적 양상의 기준은 무엇인가? 필자는 이에 대해 크게 두 가지로 압축하고자 한다. 하나는 해당인물이 유비집단인가 그렇지 않은가에 따라 관객들에게 긍정적인 혹은 부정적인 인물의 이미지를 제공한다. 두 번째로는 실제 역사적인 사실과 상관없이 극 중 중요도의 설정에 따라 등장하는 횟수로 중심인물인가 주변인물인가를 구분한다. 따라서 본 절에서는 삼국희 공연을 통해 등장인물의 만들어진 이미지 즉, 스테레오타입의 유형을 아래와 같이 두 가지로 나누어 고찰해 보고자 한다.

긍정인물과 부정인물

삼국희 스토리 전개에 있어 대부분 공통적으로 갖는 기본 공식과 주요 갈등구조를 들여다보면, 유비집단과 비 유비집단과의 싸움이다. 이를 좀더 확대해서 말하자면, 유비를 위시한 한나라의 정통성을 유지하고자 하는 집단과 이에 맞서는 집단이다. 모든 극은 전자를 충과 의를 표방하는 善의 집단과 긍정적인 아군으로, 후자를 惡의 무리와 부정적인 적군으로 규정짓고 있다.

바로 유비집단에 소속된 모든 인물은 각각 개성적인 개체이미지를

---

45) 劉琦, 『京劇形式特徵』, 天津古籍出版社, 2003 54~61쪽 참조

갖기 보다는 집체적인 긍정인물에 자연스레 편입되고, 이에 속하지 않는 인물은 모두 집체적인 부정인물로 떨어지게 된다.

그래서 일반대중들의 인식 속에 유비집단에 가까우면 가까울수록 긍정적인 이미지가 강한 인물이 되고, 이와 멀어지면 멀어질수록 부정적인 이미지가 강한 인물이 된다고 볼 수 있다. 이 두 집단을 대표하는 중심인물로 각각 유비와 조조를 꼽을 수 있다. 때문에 본서 2장 서두에서 인용했던 소식의 『동파지림』「회고」'塗巷小兒聽說三國語' 내용과 같은 상황이 벌어진 것이라 볼 수 있다.

삼국희 속에서는 물론 현대를 살아가는 일반인들에게 가장 이상적인 군주의 대명사로 불리는 유비는 그의 우유부단한 성격과 인간적 한계[46]가 희석될 정도로 그 능력과 긍정적인 이미지가 확대 해석되었다. 또 실제 역사에 기술된 위, 촉, 오 삼국의 수장 가운데 유비의 역할과 비중이 다른 두 나라보다 상대적으로 낮다는 점을 감안한다면, 그의 이미지는 일반대중에게 매우 전면적이고 강하게 어필이 되고 있다.

반면, 조조는 유비와 완전히 다른 양상을 띠고 있다. 조조는 각 시대마다 삼국 관련 인물 가운데 가장 다양한 평가를 받고 있는 대상이 아닌가 싶다. 특히 최근 국가나 기업에서 리더의 능력과 역할에 대한 중요성이 부각되면서 조조에 대한 관심과 연구가 활발해지고 있다. 그러나 일반인에게 있어 조조는 카리스마 넘치는 냉철하고 지혜로운 리더의 이미지[47]보다는 여전히 삼국희와 소설 『삼국지연의』속의 간사하고

---

46) 나채훈, 『조조와 유비의 난세 리더십』, 삼양미디어, 2004 205~210쪽 참조
47) 나채훈의 『카리스마리더 조조』(북폴리오, 2004), 리아오의 『조조의 윈윈경영』(고예지 옮김, 삼용출판사, 2006), 사마열인의 『조조의 면경』(홍윤기 옮김, 넥서스, 2004) 참조

파렴치하며 비겁한 간웅의 이미지로 공고히 자리매김 되고 있다.

삼국희에서 재창조된 유비와 조조는 공연이라는 현장성 때문에 관객에게 소설 속의 유비와 조조보다 선과 악, 감성과 이성을 놓고 고뇌하는 인간적이면서 입체적인 모습을 보여줄 기회가 줄어들어 긍정 아니면 부정이라는 평면적이고 일원화된 이미지로 도색한 인물이 되어 버렸다.

중심인물과 주변인물

정치적 이데올로기의 영향을 받아 촉 중심으로 서술된 삼국사가 민간의 삼국 관련 설화나 소설 혹은 희곡의 형태로 전승되면서 역사를 소재로 한 허구적 내용이 역사적 사실로 오인케 하는 결과를 낳기도 하였다.[48] 대표적인 예로 제갈량과 관우에 관한 일화들이다.

제갈량과 관우는 한의 황손 유비가 대업을 이루는데 헌신했던 인물들로, 한의 정통성을 지키고 보존하는데 가장 모범이 되는 역할 모델이라고 볼 수 있다. 이러한 역할 모델은 역성혁명을 원하지 않은 통치자나 혹은 능력과 인품을 갖춘 관리를 기대하는 민초들의 염원이 반영된 결과물이다. 때문에 이 두 인물은 삼국희 속에서 실제 역사상 삼국의 주인공인 조조, 유비, 손권 이상으로 부각되어 뚜렷한 이미지를 갖게 되었다.

필자는 제갈량과 관우가 주변인물에서 일약 중심인물로 변신하게 된 결정적인 이유로 후대인이 만든 두 인물의 스테레오타입이라고 생각한다. 이에 제갈량과 관우의 만들어진 스테레오타입에 대해 살펴보도록 한다.

---

48) 이주현, 「제갈량과 사마의」, 『역사비평』, 역사비평사, 1998.5 참조

八卦衣를 입은 제갈량

　　제갈량의 스테레오타입은 주로 인간적인 면에서는 멸사봉공으로 표현되는 성실함과 충성심, 미개한 남만인까지도 감복시킨 인품과 덕망을 지닌 인물이며, 세상경영에 있어서는 탁월한 정치가, 능란한 외교관, 천재적인 군사전략가, 하늘까지 감동시킨 神術의 소유자[49] 등 완벽한 재상의 형상으로 재창조되었다. 이러한 제갈량에 대한 평가와 이미지는 그의 행적에 비해 다소 과대포장 되어 있지만, 그를 주변인물에서 중심인물로 등극시키기엔 충분했다.

　　관우의 대표적인 이미지는 忠義의 화신이다. 이후 세월이 지나면서 관우는 민간에서 신으로 승격이 되어 財神 혹은 기복신앙의 대상으로 인신되었다. 현재 관우는 그가 죽은 이후 1800여 년 동안 소설이나 희곡 뿐 아니라 동서양에 '關帝文化圈'이 형성되어 있을 정도로 다양한 모습을 하고 있는 중요한 인물이 되어 있다. 우리나라에서도 관우를 기리는 사당이 서울의 東廟, 전주의 關羽廟 등 여러 곳에 지어져 있다.

---

49) 이주현, 앞의 논문 참조

그러나 실제의 관우는 정사『삼국지』에 실린 그의 행적이 너무나 미약하여, 그저 완고한 성격을 가진 평생 유비의 부하이며 제갈량의 명령을 받는 일개 무장에 불과했을 것으로 추측이 될 뿐이다.[50]

이로 볼 때, 삼국희 속의 관우는 실제 사건의 확대 해석과 함께 허구적인 요소가 많이 가미되어 극 속 중심인물로 만들어졌을 가능성이 매우 높다.

경극 삼국희 등장인물은 긍정인물인가 부정인물인가, 그리고 중심인물인가 주변인물인가가 결정되면, 이에 따라 각색・四功五法[51]의 연기・의상・분장・소도구 등은 유형별로 안배된다.

2) 스테레오타입의 시각적 재현

모든 공연예술은 재현예술이며, 재현의 직접성(immediacy)을 원칙으로 한다. 이런 직접성은 사건이 등장인물의 대화를 통해서 관객에게 직접 구현됨으로써 사건 진행시간과 사건 수용시간이 일치하는 현장성을 의미한다. 그래서 등장인물의 외적 모습은 서술되는 것이 아니라 직접 관객들의 눈으로 감지되며, 그의 말투는 어떤 매개체에 의해 설명되는 것이 아니라 직접적인 소리로 파악된다. 인물의 내면도 직접적인 대화나 독백, 외형적 동작, 얼굴표정을 통해서 표출된다.

또한 등장인물의 스테레오타입 역시 이와 같은 맥락으로 관객들에게 재현되고 있다. 그러나 때로는 연극에서도 극적 사건의 전개와 관객과

---

50) 이마이즈미 준노스케 지음, 이만옥 옮김,『관우』, 예담, 2002 7쪽 참조
51) 四功은 노래[唱], 대사[念], 동작[做], 무술[打]이며, 五法은 손, 눈, 몸, 걸음, 동작의 기본 연기기술을 말한다.

의 직접적 관계가 지양되고 서사적 수단이 동원되는 경우가 있다. 이 점은 경극에서 두드러지는 특징이라 볼 수 있다.

경극은 대사와 노래 등의 구술로 극의 서사를 이끌어 나감과 동시에 보여주기 방식으로도 극적 서사를 보충하고 있다. 검보 역시 그중 하나라고 볼 수 있다. 검보는 극의 모티프와 등장인물에 관한 모든 정보 등의 서사적인 요소를 수용하여 극적 기능을 보강하는 수단이기도 하다. 특히 검보는 극 서사를 이끌어 가는 주체인 등장인물의 성격, 신분, 나이, 특기, 성향, 심리상태, 주위 분위기 등을 바탕으로 형성된 스테레오타입을 관객들에게 재현하는 중요한 매체이기도 하다.

경극 배우들은 배역[脚色行當]이 크게 生·旦·淨·丑 네 유형으로 나뉘어져 각 배역에 맞는 정형화된 四功五法의 몸짓연기, 의상, 얼굴화장, 소도구 등의 분장을 하게 된다. 그중 생과 단은 절제되고 정형화된 연기를 하며 가창을 위주로 극을 이끌어 나가는, 한눈에 주인공이라는 것을 알아 볼 수 있도록 준수하고 깨끗하게 분장을 한다. 이에 반해 정과 축은 배역에 따라 다르지만, 대부분 몸짓연기를 주로 하는 주변인물로써 극 속에서 자신의 감정과 처해진 상황을 충분히 구술해 내지 못하는 보조적인 역할을 한다.

따라서 정과 축은 얼굴에 오랫동안 관객과의 모종의 약속을 통해 만들어진 시각적 상징기호로 몸짓연기로 표현하지 못한 자신의 모티프와 인물정보를 보충하고 있다. 일례로, 유비와 제갈량 같이 生에 해당되는 인물은 극 중 대사와 노래로 자신의 캐릭터를 충분히 표현해내기 때문에, 얼굴에 검보를 그리지 않고 소면화장을 하는 것이다. 따라서 본장에서는 검보에 삼국희 등장인물의 스테레오타입이 시각적으로 어떻게 표현되었는지를 살펴보고자 한다.

이상섭은 아리스토텔레스가 『시학』에서 말한 '재현'에 대해 아래와 같이 분석하고 있다.

> 시인은 즉 모방 기술자가 만드는 것은 구체적인 사물이 아니라 사람의 행동의 재현, 곧 플롯이다. 이 '생산품'은 정신으로만 파악될 수 있는 '물건'이다. 즉 사람의 정신이 알아보고 정신의 어떤 필요에 쓸 물건인 만큼 사람의 보편적인 인지 내지 지식과 관계가 있게 만든 것이다.[52]

이 글의 요지는 바로 재현은 사람이 보편적인 지식과 인지할 수 있는 범위 내에 이루어진다는 것이다. 검보에 표현된 등장인물의 스테레오타입 역시 극을 감상하는 관객이 인지할 수 있는 보편적인 기호와 상징질서 안에서 이루어졌다고 할 수 있다.

앞서 언급했던 '오랫동안 관객과 형성해 놓은 모종의 약속'이 바로 검보에 나타난 등장인물의 스테레오타입을 시각적으로 재현한 기본 원리인 것이다. 필자는 이 같은 기본 원리를 각 인물을 대표하는 주요색과 검보의 構圖類型 그리고 상징아이콘(icon)으로 보고, 이를 바탕으로 시각적으로 표현된 각 등장인물의 스테레오타입을 살펴보고자 한다. 본고의 기본 텍스트로 삼은 등장인물 52명의 81개 검보를 주요색과 구도유형, 상징아이콘별로 나누어 분석해 보고자 한다.

먼저 삼국회에 등장하는 인물의 검보에 사용된 주요색과 상징하는 의미를 정리하면 아래와 같다.

○ 자색: 뛰어난 지모와 강직한 인물을 상징한다.
　ex) 孔秀, 凌統, 龐統, 于禁, 魏延, 張郃, 程普

---

52) 이상섭, 『아리스토텔레스의 시학연구』, 문학과 지성사, 2002 173쪽

○ 홍색: 일편단심과 충성심, 용맹을 지닌 인물을 상징한다.
　 ex) 姜維, 關羽, 文聘, 沙摩柯, 嚴顏, 曹洪, 韓德, 黃盖
○ 흑색: 충직하고 고귀한 품격을 지니지만 지략이 모자라는 인물을 상징한다.
　 ex) 郭淮, 孟譚, 孟獲, 張飛, 張苞 周倉, 秦琪, 夏候淵, 許褚
○ 녹색: 의협심이 강한 인물을 상징한다.
　 ex) 杜襲, 太史慈, 夏候德
○ 남색: 강건하고 용맹스러운 인물을 상징한다.
　 ex) 呂夢, 蔣欽, 夏候惇, 夏候蘭
○ 백색: 수백색(水白色)[53]은 간사하고 음흉한 가증스런 면모를 지닌 인
　　　　물을 상징한다.
　 ex) 曹操, 司馬懿, 董卓, 孫權
　 유백색(油白色)[54]은 제멋대로 막 되먹은 성격의 인물을 상징한다.
　 ex) 鄧艾, 徐晃, 蔡陽, 馬謖, 關平, 周泰
○ 황색: 잔인하고 포악스러운 성격의 인물을 상징한다.
　 ex) 樂進, 典韋[55]

다음으로 검보의 구도유형에 대해 정리하면 아래와 같다.

○ 整臉: 가장 보편적으로 볼 수 있는 검보로서, 배역이 비교적 큰 인물에
　　　 사용된다.
　 ex) 關羽[紅整臉], 司馬懿[水白整臉], 董卓[水白整臉], 孫權[水白整
　　　 臉], 曹操[水白整臉]
○ 三塊瓦臉
　 · 正三塊瓦臉: 충성스럽고 용맹스러운 선비와 같은 긍정적인 인물에
　　　　　　　사용된다.
　 ex) 孔秀[紫三塊瓦臉], 程普[紫三塊瓦臉], 凌統[紫三塊瓦臉], 張郃

---

53) 백색 수성물감을 칠해 나온 색.
54) 백색 유성물감을 칠해 나온 색.
55) 趙夢林, 『中國京劇臉譜』, 朝華出版社, 2005 6-7쪽 참조

　　　[紫三塊瓦臉], 姜維[紅三塊瓦臉], 曹洪[紅三塊瓦臉], 韓德[老紅
　　　三塊瓦臉], 文聘[老紅三塊瓦臉], 關平[白三塊瓦臉], 馬謖[油白
　　　三塊瓦臉]

・花三塊瓦臉: 산적이나 용맹스러운 장수에게 사용된다.

ex) 于禁[紫花三塊瓦臉], 夏候蘭[藍花三塊瓦臉], 典韋[黃花三塊瓦臉]

・尖三塊瓦臉: 용맹스러운 장수에서 건달이나 악질 토호까지 비교적
　　　　　다양한 인물에 사용된다.

ex) 張郃[紫尖三塊瓦臉], 呂夢[藍尖三塊瓦臉], 蔣欽[藍尖三塊瓦臉],
　　夏候惇[藍尖三塊瓦臉], 鄧艾[白尖三塊瓦臉], 周泰[白尖三塊瓦
　　臉], 徐晃[白尖三塊瓦臉], 蔡陽[白尖三塊瓦臉]

○ 六分臉: 공이 높고 충직한 노장에 사용된다.

ex) 黃盖[紅六分臉], 嚴顔[老紅六分臉]

○ 花臉

・花臉: 영웅과 무장으로 긍정적인 인물에 사용된다.

ex) 杜襲[綠花臉], 太史慈[綠花臉], 孟獲[黑花金臉]

・十字門花臉: 영웅과 무장으로 긍정적인 인물에 사용된다.

ex) 魏延[紫十字門花臉], 司馬師[紫十字門花臉], 張苞[黑十字門花臉],
　　夏候淵[黑十字門花臉], 張飛[黑十字門花臉, 黑十字門蝴蝶臉]

・碎花臉: 성격이 거칠고 난폭한 무장과 산적에 사용되며, 긍정인물과
　　　　　부정인물 모두에 사용된다.

ex) 沙摩柯[紅碎花臉], 曹洪[紅碎花臉], 孟譚[黑碎花臉], 郭淮[黑碎
　　花臉], 許褚[黑碎花臉], 夏候德[綠碎花臉], 太史慈[綠碎花臉],
　　樂進[黃碎花臉], 周倉[黑碎蝴蝶臉]

○ 歪臉: 오관이 바르지 않고, 생김새가 추한 인물에 사용된다.

ex) 夏候惇[藍碎歪花臉], 夏候淵[黑碎歪花臉], 秦琪[黑碎歪花臉]

○ 丑臉: 희극적인 인물에 사용되며, 사용대상은 황제에서 사환까지 다양하다.

ex) 焦炳[文丑臉], 慕容烈[文丑臉], 蔣干[文丑臉], 探子[武丑臉]

○ 元寶臉:

・원보검: 신분이 높지 않은 무인이나 부장에 사용된다.

ex) 旗牌[元寶臉], 孟達[元寶臉]

·도원보검: 악당과 해학적인 단역에 사용된다.

ex) 孟達[倒元寶臉], 華歆[倒元寶臉], 賈華[倒元寶臉]

·화원보검: 얼굴이 흉측하고 몸체가 기괴하고 성격이 난폭한 인물에
사용된다.

ex) 周倉[花元寶臉, 瓦灰花元寶臉]

○ 道士臉: 도사나 신술을 부리는 인물에 사용된다.

ex) 龐統[紫道士臉]56)

관우　　조조　　손권　　동탁

능통　　우금　　등애　　황개

맹획　　주창　　하후돈　　맹달

---

56) 趙夢林, 『中國京劇臉譜』, 朝華出版社, 2005 7~18쪽 참조

검보의 주요색과 구도유형 외에 등장인물의 특징을 한 눈에 알아 볼 수 있는 상징아이콘이 사용되는 검보도 있다. 焦炳, 慕容烈, 蔣干, 探子, 賈華 같은 인물들의 검보는 우스꽝스러운 캐릭터를 나타내는 축검으로 얼굴에 네모난 두부모양의 아이콘이 그 특징을 상징하고 있다.

또 강유와 방통의 검보는 이마에 태극문양을 그려 음양오행에 밝고 책략에 능한 인물이라는 것을 표현하고 있다. 장비의 검보는 박쥐모양의 웃는 눈매와 이마의 나비문양으로 무장이긴 하지만 낙천적인 성격을 상징하고 있다.

장간   강유   방통   장비

검보는 색과 구도 및 상징아이콘으로 "복잡한 차이들을 하나의 단순한 골판지 컷 아웃으로 축소시킨 듯이"[57] 등장인물의 특징적인 부분은 과장하고, 일반적인 부분은 축소하여 등장인물을 대표하는 이미지를 표현하고 있다. 검보의 인위적으로 만들어진 이미지 속에는 해당인물을 중심으로 하는 극 서사, 등장인물의 욕망, 사상, 갈등 등의 심리상태가 담겨 있어 관객이 이를 보면 한 눈에 등장인물의 스테레오타입을 인지하고 공감하여 극에 대한 흥미를 유발시킨다.

---

57) 주 43번 참조

그러나 위와 같이 색과 구도사용이 유형화되어 있긴 하지만, 극의 내용이 다양해지면서 등장인물의 상황 역시 유동적으로 변하기도 한다.

하후연 [黑十字門花臉]　　하후연 [黑碎歪花臉]　　태사자 [綠花臉]　　태사자 [綠碎花臉]

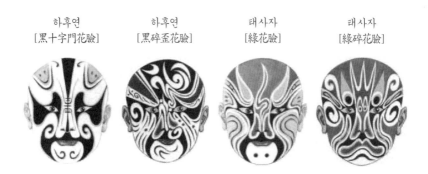

하후연의 검보를 예로 들어 보기로 한다. 그림 19과 그림 20에 그려진 하후연의 검보는 동일인물이지만, 다른 형상을 하고 있다. 그림 19의 하후연은 「정군산」앞부분에 나오는 젊고 기개 있는 조조의 장수로 등장할 때의 검보이며, 그림 20의 하후연은 「정군산」뒷부분에 등장하는 황개에게 패해 죽는 장면에서의 늙고 초라한 검보로 표현되었다. 그림 19에는 주요색이 흑색이고 보조색 흰색이 섞인 黑十字門花臉으로 그려졌으며, 그림 20에는 주요색이 흑색이고 보조색이 암홍색인 黑碎歪花臉으로 그려졌다.

위와 같이 검보는 다층적이고 복합적인 요소를 지닌 등장인물을 색과 구도유형 및 상징아이콘으로 인물이 갖는 가장 대표적인 이미지를 강조한 사회문화적 산물로, 작품의 극적 서사를 풍성하게 하는데 기여한다고 볼 수 있다.

경극에서 극 전개를 진행하는 구체적인 방식을 구술성의 원리나 혹은 기록성의 원리만으로 분석한다면 그것의 특징을 완전히 이해할 수 없다고 본다. 왜냐하면, 경극이라는 특수한 공연형태는 배우가 노래와 대사로 진술하는 구술적 기법으로 극적 생동감을 얻어내면서 동시에 검보라는 등장인물의 스테레오타입을 시각적으로 재현해 의미 확장을 얻어내는 방식으로도 극 서사성을 확보하고 있기 때문이다

스레테오타입이란 특정인물에 대한 지속적으로 반복되는 고정관념을 말하는 것으로, 삼국 이야기에 등장하는 인물의 스테레오타입은 소설과 회곡 외에 21세기를 살아가는 현대인의 인식 속에서도 깊숙이 자리 잡고 있다.

필자는 이 같은 현상의 원인 중 하나로 스테레오타입이 형성되고 실현되는 방식이라고 보았다. 그리고 그것의 실현방식 가운데 공연예술이 이에 가장 큰 영향을 끼쳤을 것으로 보았다. 경극 삼국희 공연양상을 살펴본 결과, 시간과 공간 및 경제적인 제약을 지닌 공연자체의 현장성 혹은 직접성 때문에 대부분 일반 청중들이 좋아하고 재미있어 하는 내용과 인물만을 집중적으로 다룬 절자희 형태로 공연이 이루어 졌다. 따라서 상업성이 강한 공연예술은 주로 관객들이 원하는 특정인물과 내용으로 재창조되어 관객에게 빈도를 높여 다가가게 되었다.

이렇게 형성된 삼국희 등장인물의 스테레오타입은 이항대립적인 양상으로 드러난다. 크게 두 가지로 정리할 수 있는데, 하나는 유비진영인가의 여부에 따라 긍정인물과 부정인물로, 또 다른 하나는 극 속의 비중과 역할에 따라 중심인물과 주변인물로 구분이 되었다.

이 같은 삼국희 등장인물이 갖는 스테레오타입을 관객에게 전달하는 방법으로 대사와 노래 등 구술적인 것도 있지만, 경극에서는 얼굴도면 화장인 검보와 같은 보여주기 방식도 사용되고 있었다. 그러나 검보는 노래와 대사로 등장인물의 캐릭터를 충분히 알릴 수 있는 배역인 生과

旦의 얼굴화장에는 사용되지 않고, 주로 극 속에서 자신의 이미지를 드러낼 기회가 많지 않은 淨과 丑과 같은 주변인물에 사용되었다.

검보는 관객이 인지할 수 있는 보편적인 기호와 상징질서 안에서 등장인물의 스테레오타입을 시각적으로 정형화시켜 표현하고 있다. 그것의 시각적 재현방식은 오랫동안 관객과 소통하여 만들어 놓은 상징기호인 색, 구도유형, 상징아이콘 이 세 가지를 들 수 있었다.

이상의 논의를 통해, 시각적인 상징기호로 다양한 인간군상을 재현한 검보 속에는 가장 이상적인 인물상을 지향하는 중국인의 바램과 문화적 함의가 내재되어 있음을 알 수 있었다.

참고문헌

趙夢林,『中國京劇臉譜』, 朝華出版社, 2005

陳壽,『三國志』, 中華書局, 2007

蘇軾,『東坡志林』, 中華書局, 1997

羅貫中,『三國志演義』, 中華書局, 2007

劉琦,『京劇形式特徵』, 天津古籍出版社, 2003

나채훈,『조조와 유비의 난세 리더십』, 삼양미디어, 2004

나채훈,『카리스마리더 조조』, 북폴리오, 2004

리 아오 지음, 고예지 옮김,『조조의 원원경영』, 삼융출판사, 2006

사마열인 지음, 홍윤기 옮김,『조조의 면경』, 넥서스, 2004

이마이즈미 준노스케 지음, 이만옥 옮김,『관우』, 예담, 2002

이상섭,『아리스토텔레스의 시학연구』, 문학과 지성사, 2002

제임스 프록터 저, 손유경 역,『지금 스튜어트 홀』, 앨피 , 2006

鍾揚,「七實三虛還是三實七虛-三國演義創作方法新證」,『安慶師院社會科學學報』, 1991年3期

강인경,「스테레오타입에 대하여(2)」,『미디어교육』, 초등우리교육, 1999.5

김현주,「스테레오타입: 재현된 아시아 여성과 아시아계 미국 여성의 재현」,『서양미술사학회논문집』24집. 서양미술사학회, 2005.12

이규완,「소설 삼국지에 등장하는 리더의 이미지에 관한 연구」,『언론과학연구』제3권 1호, 한국지역언론학회, 2003.4

이주현,「제갈량과 사마의」,『역사비평』, 역사비평사, 1998.5

김진곤,『宋元平話硏究』, 서울대학교 박사학위논문, 1996

黃鈞 等 共著,『京劇文化詞典』, 漢語大詞典出版社, 2001

[본문에 인용한 그림 출처]

1. 中國戲曲學院 編,『中國京劇服裝圖譜』, 北京工藝美術出版社, 2000 211쪽

3. 검보 아이콘 읽기

모든 것은 얼굴에 있다-키케로

공연예술의 얼굴 분장은 배우가 공연을 위해 자신을 버리고 관객을 위해 극 속 등장인물로 변신을 시켜주기 위한 작업으로, 작품의 인물을 창조하는 외형의 시각적 여건을 갖추는데 중요한 역할을 담당하고 있다. 이러한 작업은 배우가 맡은 극중 배역의 고유한 아우라를 시각적으로 발산하는 하나의 통로를 만드는 것이다. 따라서 얼굴 분장은 배우의 공연 역량을 극대화시키기 위해 공연에서 필수적이라 할 수 있다.[58]

중국 전통극의 얼굴 분장 중 하나인 검보는 이와 같은 역할을 기본적으로 수행하면서 동시에 중국 전통극의 특수한 상황에 맞추어 몇 가지 역할을 더 수행하고 있다.

우선 검보는 등장인물의 얼굴 생김새를 분장을 하는 것 외에도 머리와 신체적 특징을 재현하기도 한다. 이러한 현상은 중국 전통극의 角色行當인 正, 旦, 淨, 丑 배역의 유형에 맞는 정형화된 분장형태에서 기인한 것으로 보인다. 때문에 중국 전통극 관련 자는 기존 극의 유형화된 얼굴 분장의 틀에서 벗어나 머리와 신체 분장에 사용하는 장치나 소품을 정과 축의 검보에 시각적으로 재현하기도 한다.

둘째, 중국 전통극의 무대형태가 지니는 부족한 면을 대체하는 방법 가운데 하나로 배우의 얼굴분장에 지대한 영향을 미쳤을 것으로 본다.

---

58) 류세자, 박민여, 「무대분장이 공연자의 심리상태 및 공연수행에 미치는 영향」, 『服飾』, 제 55권 7호, 한국복식학회, 2005

이러한 현상이 나타나는 원인 중 하나가 바로 중국 전통극의 무대형태라고 볼 수 있다. 중국 전통극의 무대는 객석으로 튀어 나온 돌출무대로, 관객은 무대의 앞과 양옆에서 배우의 극 행위를 볼 수 있다. 삼면에서 무대를 보기 때문에 무대 위에는 사실적인 배경이나 도구를 쓸 수 없으며 작품 속의 세계에 따라 무대 공간을 분할할 수도 없다.[59] 따라서 필자는 바로 무대와 무대장치, 특수효과, 무대소품 등이 거의 갖추어져 있지 않아 이를 보완하거나 대체해서 검보에 표현하였을 것으로 본다.

셋째, 검보는 극의 모티프와 등장인물에 관한 모든 정보 등의 서사적인 요소를 수용하여 극적 기능을 보강하는 수단 가운데 하나이다. 이는 검보가 극 서사를 이끌어 가는 주체인 등장인물의 성격, 신분, 나이, 특기, 성향, 심리상태, 스테레오타입 등을 시각적으로 재현하여 관객들에게 전달하는 중요한 소통매체임을 의미한다. 전통극의 정과 축은 대부분 몸짓연기를 주로 하는 주변인물로써 극 속에서 자신의 감정과 처해진 상황을 충분히 구술해 내지 못하는 보조적인 역할을 하는 경우가 많다. 따라서 정과 축은 얼굴에 오랫동안 관객과의 모종의 약속을 통해 만들어진 시각적 상징기호로 대사, 노래, 몸짓연기로 표현하지 못한 배역의 모티프와 인물정보를 보충하고 있다.[60]

검보에서 사용되는 시각적 재현방법으로 크게 색과 구도 그리고 아이콘(icon)[61] 세 가지를 들 수 있다. 색과 구도는 주로 등장인물의 극중 비중과 선악, 성격, 이에 대한 관객의 스테레오타입 등 극 서사를

59) 김학주 등 공저, 『중국공연예술』, 한국방송통신대학교출판부, 2002 106~107쪽 참조
60) 정유선, 「검보, 스테레오타입의 시각적 재현」, 『中國小說論叢』 29집, 2009.3
61) 본 논문에서 말하는 이미지 아이콘은 圖像으로 표현된 아이콘을 의미한다.

진행하는 보조적인 수단으로 기능한다면, 아이콘은 상황에 따라 나타
나는 등장인물의 머리와 신체 분장, 무대 배경, 소품, 극 분위기, 인물
의 특기 및 생김새 등을 좀더 폭넓으면서도 구체적으로 약속된 시각
기호로 관중들에게 제공하고 있다.

　따라서 본장에서는 위의 내용을 전제로 하여 전통극 가운데 다양한
형태의 아이콘이 그려져 있는 봉신희 검보에 재현된 아이콘의 대상을
파악하고, 어떠한 방식으로 재현되는지를 고찰하여 전통극 검보 아이
콘의 생성과 구성 원리를 파악하고자 한다.

1) 아이콘의 재현대상

　봉신희란, 소설 『封神演義』를 제재로 하여 연출되는 모든 중국 전
통극을 말한다. 이 극에 등장하는 인물의 검보에는 거의 빠짐없이 갖가
지 모양의 아이콘이 그려져 있는데, 다른 극의 그것과 비교해 볼 때 유
난히 많은 것을 발견할 수 있다. 이러한 이유는 봉신희의 바탕이 되는
『봉신연의』 내용과 밀접한 관계가 있다고 할 수 있다.

　『봉신연의』는 明 萬曆 년간에 출간된 100회본 장회소설로서, 작자
는 명대 許仲琳(1566년 전후)으로 전해 진다.[62] 이 소설은 元 至治 년
간 출간된 『全相平話五種』 중 하나인 「武王伐紂平話」 전체 上中下

---

[62] 『봉신연의』 작자에 대해 일본 內閣文庫에서 소장하고 있는 명 만력년간 각본의
　　'鍾山逸叟許仲琳編輯'이라는 서명에 근거한 허중림설과 『曲海總目提要』권39의
　　'元時道士陸長庚所作'이라는 기록을 근거로 한 육서성이라는 설 두 가지가 있으
　　나 현재 대부분의 학사들은 허중림설을 따르고 있다. 曲曉紅의 「『封神演義』研
　　究綜述」(『銅陵學院學報』, 2007年 第5期)와 劉彦彦의 「論『封神演義』的作者」
　　(『華北水利水電學院學報』2007年5月)참조

卷 42회와 『列國志傳』 가운데 16개의 회를 저본으로 삼고 있다.

「무왕벌주평화」 上卷:
第1回 湯王祝網
第2回 紂王夢玉女授玉帶
第3回 九尾狐換妲己神魂
第4回 紂王納妲己
第5回 寶劍驚妲己
第6回 文王遇雷震子
第7回 八伯諸侯修台閣
第8回 西伯諫紂王
第9回西伯寶劍驚妲己
第10回 摘星樓推殺姜皇后
第11回 酒池蛋盆
第12回 炮烙銅柱
第13回 太子金盞打妲己
第14回 胡嵩劫法場救太子
第15回 殷交夢神賜破紂斧
中卷
第16回剜剔孕婦
第17回 紂王斫脛
第18回 皂鵰瓜妲己
第19回 文王囚羑里城
第20回 賜西伯子肉醬
第21回 西伯吐子肉成兎子
第22回 雷震破鼓三將
第23回 紂王賜黃飛虎妻肉
第24回 太公捉黃飛虎
第25回 飛廉費孟追太公
第26回 比干射九尾狐狸

『열국지전』

第15回 雍大夫计杀无知 鲁庄公乾时大战
第17回 宋国纳赂诛长万 楚王杯酒虏息妫
第18回 曹沫手剑劫齐侯 桓公举火爵宁戚
第19回 擒傅瑕厉公复国 杀子颓惠王反正

　『봉신연의』의 기본 골간이 되는「무왕벌주평화」상중하 권 42회와
『열국지전』중 16개 회는 殷나라 紂王이 달기에 빠져 정사는 돌보지
않고 행실 또한 황음무도하여 백성을 도탄에 빠지게 하자, 강자아가 은
의 제후였던 周 武王을 도와 주왕을 벌하고 주나라를 세운다는 내용을
주요 줄거리로 삼고 있다.

　『봉신연의』는 전체 100회 가운데 28개 회[63]에 걸쳐 위의 두 작품을
저본으로 삼아 기본 줄거리를 첨삭한 뒤 이를 다시 재구성하였다.[64]

『봉신연의』
第1回 纣王女娲宫进香
第3回 姬昌解围进妲己
第4回 恩州驿狐狸死妲己
第5回 云中子进剑除妖
第6回 纣王无道造炮烙
第7回 费仲计废姜皇后
第8回 方弼方相反朝歌
第9回 商容九间殿死节
第10回 姬伯燕山收雷震
第11回 里城囚西伯侯

64) 褚殷超의『『封神演義』傳播研究』(山東大學 碩士學位論文, 2006.5)과 이은영
　　의「『封神演義』의 成書過程에 영향을 준 또 하나의 작품『列國志傳』」(『中國
　　小說論叢』26집, 2007.9) 참조.

第17回　苏坦己置造虿盆
第18回　子牙谏主隐溪
第19回　伯邑考进贡赎罪
第22回　西伯侯文王吐子
第23回　文王夜梦飞熊兆
第24回　渭水文王聘子牙
第25回　苏坦己请妖赴宴
第26回　坦己设计害比干
第28回　西伯兵伐崇侯虎
第29回　斩侯虎文王托孤
第39回　姜子牙冰冻岐山
第68回　首阳山夷齐阻兵
第88回　武王白鱼跳龙舟
第89回　纣王敲骨剖孕妇
第90回　子牙捉神荼郁全
第91回　蟠龙岭烧邬文化
第96回　子牙发柬擒妲己
第97回　摘星楼纣王自焚

그 나머지 68개 회에서는 앞서 언급한 두 작품에는 없는 신선과 요괴 및 인간 간의 싸움을 내용으로 채우고 있다. 따라서 노신은 이 소설을 神魔小說로 분류하고 있다.[65]

여기에서 『봉신연의』의 저본이 되고 있는 「무왕벌주평화」 상중하권 42회와 『열국지전』 16개 회와 『봉신연의』의 서술 관점과 서술 방식에 주목할 필요가 있다. 이는 봉신희에 등장하는 인물과 그들의 검보에 재현된 아이콘의 대상과 밀접한 관계가 있기 때문이다.

---

65) 루쉰 저, 조관희 역주, 『중국소설사』, 소명출판, 2004 403-439쪽 참조

첫째, 『봉신연의』에서는 앞서 두 작품의 무왕이 주왕을 벌하고 역성혁명에 대해 접근하는 입장이 근본적으로 다르다. 『봉신연의』에서 서술하고 있는 온 우주만상은 천계, 선계, 인간계로 나뉘어져 있다.

선계는 당시 선인으로서 자질이 부족하고 출신성분이 미천한 截敎와 인간계에서 능력이 출중한 사람이 한데 뒤섞여 천 오백 여 년동안 금지되어 지켜왔던 殺戒를 깨고 선계를 어지럽히고 있는 상황이었다. 선계를 지배하고 있는 仙人 집단 가운데 곤륜산을 기반으로 하는 闡敎는 천명을 받고 그들을 중심으로 어지러운 선계를 재편성하여 새로운 神界를 창설할 계획을 세운다. 그들은 선인들을 신으로 만들기 위해 그들의 목숨을 거두어야 하는데, 이를 위해 인간세상에서 앞으로 일어날 은과 주의 역성혁명시기를 자연스럽게 이용하여 억지로 무리수를 두지 않고 은나라와 주나라 두 편으로 나뉘어 싸우는 전투에서 절교의 선인과 인간의 목숨을 거두어 들여 일을 추진한다.

이를 테면, 천계의 우주 재편 계획의 계기가 되는 사건이 바로 은주 역성혁명으로, 천계의 작업은 모두 은에서 주로의 역성혁명시기에 맞추어 계획된 것이고, 이것이 바로 천명이었다. 『봉신연의』의 본문 가운데 운중자와 태을진인의 이야기에서 이를 잘 알 수 있다. 아래의 두 예문을 살펴 본다.

이때 운중자는 아직 종남산으로 돌아가지 않고 여전히 은나라 수도 朝歌에 머물고 있었는데, 갑자기 요사스런 빛이 다시 일어나 궁궐을 가득 비추는 것을 보았다. 운중자는 고개를 끄덕이며 탄식하며 말했다.
"나는 다만 이 검으로 요사스런 기운을 눌러 없애고 성왕과 탕왕의 명맥을 조금이나마 늘리려고 했는데, 대세가 이미 기울어 내 이 검이 불태워 없어질 줄 누가 알았겠는가. 첫째는 성탕의 기업이 모두 멸망할 것이고,

둘째는 주나라 왕실이 일어날 것이며, 셋째는 신선이 큰 환란을 당할 것이고, 넷째는 강자아가 인간세상에서 부귀를 누릴 것이고, 다섯째는 여러 신들이 봉호를 받으려고 할 것이다."

且说此时雲中子尚不曾回终南山，还在朝歌，忽见妖光复起，冲照宫阙。雲中子点首叹曰：

"我只欲以此剑镇减妖氛，稍延成汤脉络，孰知大数已定，将我此剑焚毁。一则是成汤合灭，二则是周室当兴，三则神仙遭逢大劫，四则姜子牙合受人间富贵，五则有诸神欲讨封号。"[66]

태을진인이 말했다.

"석기! 그대는 그대의 도덕이 깨끗하고 높다고 말하고 있지만 그대는 截敎고 나는 闡敎라네. 우리들이 천오백 년만에 살계를 범했기 때문에 인간세상에 내려와 정벌과 주살로 이러한 액운을 이루게 되었다네. 지금 성왕과 탕왕이 일으킨 왕업이 모두 쇄멸하고 주나라가 흥성하려 하니 옥허궁에서 봉신하고 인간세상의 부귀를 누리려는 것이네. 삼교에서 봉신방에 이름을 올릴 때 나의 스승이 나에게 제자들을 가르쳐 인간세상에 탄생시켜 명군을 보좌하라 하셨네. 나타는 바로 영주자로 세상에 내려가 강자아를 보좌하여 성탕의 은나라를 멸망시킬 것이네.

그러니 원시천존의 명으로 그대의 제자를 죽인 것이니, 이것은 바로 천수라네. 그대는 삼라만상을 안고 어찌 승천의 늦고 빠름을 말하고 있는가? 그대 같은 무리들은 모든 근심걱정과 영욕을 버리고서 수도에 정진해야 옳거늘 어찌 경거망동하여 스스로 고귀한 도를 손상시키려 하는가?"

석기는 화가 머리끝까지 나서 참지 못하고 소리쳤다.

"도는 똑같이 한 가지의 이치인데 어찌 높고 낮음이 있단 말인가?"

태을진인이 말했다.

"도가 비록 이치가 하나라 하더라도 그 도를 펴는 바에 따라서 각기 달라지는 것일세.……"

……석기는 대노하여 보검을 들어 태을진인의 얼굴을 향해 내리쳤다.

66) 『봉신연의』제6회

태을진인은 몸을 빼며 뒤로 물러나 동굴 안으로 들어갔다. 그런 다음 손에는 칼을 집어 들고 어떤 물건 하나를 몰래 담더니 동쪽 곤륜산을 향해 절을 올렸다.

"제가 지금 이 산에서 살계를 열겠나이다."

태을진인은 일어서서 동굴을 나와 석기를 가리키며 말했다.

"그대는 근본이 천박하여 도를 행함에 있어 견실히 보전키도 어려운데 어찌 감히 내 건원산에서 제멋대로 날뛰는가?"

석기는 또 한 차례 검을 휘둘렀으나, 태을진인은 검으로 석기의 검을 막았다. 석기는 원래 일개 돌의 정령으로 하늘과 땅의 영기와 해와 달의 빛을 받아 수천 년간 도를 닦았으나 아직 올바른 깨우침을 얻지 못하고 있었다. 이제 큰 액운을 만나 자신을 보존치 못했기 때문에 이 산에 이르게 된 것이다.

첫째는 석기의 운명이 다한 것이요, 둘째는 나타가 이곳에서 몸을 드러낼 차례가 되었기 때문이다. 그의 천수가 이미 정해 졌거늘 어찌 그 운명을 피할 수 있겠는가?

话说太乙真人曰：

"石矶！你说你的道德清高，你乃截教，我乃阐教，因吾辈一千五百年不曾斩却叄尸，犯了杀戒，故此降生人间，有征诛杀伐，以完此劫数。今成汤合灭，周室当兴，玉虚封神应享人间富贵；当时叄教金押封神榜，吾师命我教下徒众降生出世，辅佐明君。哪吒乃灵珠子下世，辅姜子牙而灭成汤，奉的是元始掌教符命，就伤了你的徒弟，乃是天数。你怎言包罗万象，迟早飞升？似你等无忧无虑，无荣无辱，正好修持，何故轻动无名，自伤雅教？"

石矶娘娘忍不住心头火，喝曰：

"道同一理，怎见高低？"

太乙真人曰：

"道虽一理，各有所陈。……"

……石矶娘娘大怒，手执宝剑，望真人劈面砍来；太乙真人让过，抽身复入洞中，取剑执在手上，暗袋一物，望昆仑东山下拜：

"弟子今在此山开了杀戒。"

> 拜罢，出洞指石矶曰：
> "你根源浅薄，道行难坚，怎敢在我乾元山自恃凶暴？"
> 石矶又一剑砍来，太乙真人用剑架住，口称：
> "善哉！"
> 石矶乃一顽石成精，采天地灵气，受日月精华，得道数千年，尚未
> 成正果。今逢大劫，本像难存，故到此山；一则石矶数尽，二则哪吒
> 该在此处出身，天数已定，怎能逃躲？[67]

천계는 선계와 인간계를 오가며 우주 재편작업을 수행할 주요 인물로 강자아를 선택한다. 강자아는 천계의 명으로 곤륜산에서 40년 동안 수행한 뒤 인간계로 내려 와 주 무왕을 도와 주나라를 세우는 과정에서 온 세상의 신선, 요괴, 도사, 무인들을 끌어 들여 신계 창설에 맞추어 목숨을 거두어 들이고 신으로 봉하는 역할을 한다.

은주역성혁명의 주역 강자아는 단순히 황음무도하고 실정을 일삼는 주왕을 벌하여 도탄에 빠진 백성을 구해 유토피아를 꿈꿀 수 있는 새로운 국가인 주나라를 세우고자 했던 것만은 아니었다. 아래의 문장을 보면 잘 알 수 있다.

> 곤륜산 옥허궁에서 천교의 도법을 관장하고 있던 원시천존은 문하의 열두 제자가 세속의 재앙을 범하여 그 벌이 자신에게 이르자 궁문을 닫아걸고 도법 전수를 중단하였다. 또한 호천상제는 신선의 우두머리 열두 사람에게 칭신케 하였다. 따라서 천교, 절교, 인도 삼교가 나란히 담론을 벌여 모두 삼백육십오 분을 신으로 올리고 다시 팔부로 나누어 편성하였다.
> 상사부는 雷·火·溫·斗이며, 하사부는 星宿·山岳·雨雲·善惡之神이었다. 당시는 성탕의 천하가 멸망하고 주실이 홍성하려는 때였으며,

신선이 계율을 어기고 원시천존이 신을 봉하고, 강자아가 장상의 복을 누리게 된 것이 공교롭게도 그의 천수와 맞아 떨어졌으니 결코 우연이 아니었다. 그래서 오백 년이면 왕으로 추대되는 자가 있고, 그 무리 속에는 반드시 세상에 이름을 떨치는 자가 있게 된다는 말은 바로 이 때문이다.

话说昆仑山玉虚宫拿阐教道法元始天尊，因门下十二弟子犯了红尘之厄，杀罚临身，故此闭宫止讲。又因昊天上帝命仙首十二称臣，故此叄教并谈，乃阐教、截教、人道叄等，共编成叄百六十五位成神；

又分八部，上四部雷火瘟斗，下四部群星列宿，叄山五岳，步雨兴云，善恶之神。此时成汤合灭，周室当兴，又逢神仙犯戒，元始封神；姜子牙享将相之福，恰逢其数，非是偶然。所以五百年有王者起，其间必有名世者，正此之故。[68]

따라서 이 소설에 등장하는 400여 명에 이르는 인물 가운데 365명이 목숨을 잃게 되고, 그들의 혼백은 모두 봉신대로 날아가 신으로 봉해진다. 신으로 봉해진 등장인물 365명의 이름은 아래와 같다.

柏鑑, 黃天化, 黃飛虎, 蔣雄, 聞聘, 崇黑虎, 崔英, 聞仲, 鄧天君, 辛天君, 張天君, 龐天君, 劉天君, 苟天君, 畢天君, 秦天君, 趙天君, 董天君, 袁天君, 柏天君, 王天君, 姚天君, 張天君, 孫天君, 陶天君, 吉天君, 余天君, 李天君, 金天君, 黃天君, 菡芝仙, 金光聖母, 羅宣, 劉環, 朱晤, 高震, 方貴, 王蛟, 呂岳, 周信, 朱天麟, 李奇, 楊文輝, 陳庚, 金靈聖母, 姬伯邑考, 蘇護, 姬叔明, 金奎, 趙丙, 黃天祿, 龍環, 孫子羽, 胡雲鵬, 胡昇, 魯仁傑, 晁雷, 姬叔昇, 周紀, 胡雷, 高貴, 余成, 孫寶, 雷鵬, 黃天祥, 比干, 竇榮, 韓昇, 韓變, 蘇全忠, 鄂順, 郭宸, 董忠, 徐蓋, 皇后姜氏, 鄧九公, 殷成秀, 馬方, 徐坤, 張山, 雷鵬, 商容, 姬叔乾, 洪錦, 龍吉公主, 紂王, 梅伯, 夏招, 趙啟, 무성왕황비호부인賈氏, 蕭臻, 鄧華, 余元, 火靈聖母, 土行孫, 鄧嬋玉, 杜元銑, 鄔文化, 膠鬲,

黃飛彪, 徹地夫人, 姜桓楚, 鄂崇禹, 黃飛豹, 丁策, 李錦, 錢保, 貴妃黃氏, 姬叔德, 黃明, 雷開, 魏賁, 吳謙, 張桂芳, 風林, 費仲, 尤渾, 彭遵, 王豹, 姬叔坤, 崇侯虎, 殷破敗, 龍安吉, 太鸞, 鄧秀, 趙升, 孫焰紅, 方義真, 余化, 季康, 王佐, 張鳳, 卞金龍, 柏顯忠, 鄭椿, 卞吉, 陳庚, 徐芳, 晁田, 姬叔義, 馬忠, 歐諱淳, 王虎, 石磯娘娘, 陳季貞, 徐忠, 姚忠, 陳梧, 高繼能, 張奎, 殷洪, 余忠, 歐陽天祿, 陳桐, 姬叔吉, 梅武, 敖丙, 周信, 黃元濟, 高蘭英, 태공망부인馬氏, 李良, 韓榮, 林善, 龍鬚虎, 撒堅, 撒強, 撒勇, 金成, 馬成龍, 公孫鐸, 袁洪, 孫合, 梅德, 貴妃楊氏, 武榮, 朱昇, 金大升, 戴禮, 姬叔禮, 朱子真, 楊顯, 姚庶良, 常昊, 房景元, 彭祖壽, 吳龍, 柏林, 楊信, 李雄, 沈庚, 李泓, 趙白高, 張雄, 李道通, 鄭元, 宋庚, 吳坤, 高丙, 呂能, 黃倉, 周寶, 姚公伯, 金繩陽, 侯太乙, 蘇元, 薛定, 高衍, 黃真, 蘆昌, 紀丙, 姚公孝, 施檜, 孫乙, 李豹, 朱義, 陳坎, 黎仙, 方保, 詹秀, 李洪仁, 王龍茂, 鄧玉, 李新, 徐正道, 典通, 吳旭, 呂自成, 任來聘, 龔清, 單百招, 高可, 戚成, 王虎, 卜同, 姚公, 唐天正, 申禮, 聞傑, 張智雄, 畢德, 劉達, 程三益, 陳繼真, 黃景元, 賈成, 呼百顏, 魯修德, 須成, 孫祥, 王平, 柏有患, 革高, 考鬲, 李燧, 劉衡, 夏祥, 餘惠, 鮑龍, 魯芝, 黃丙慶, 張奇, 郭巳, 金南道, 陳元, 車坤, 桑成道, 周庚, 齊公, 霍之元, 葉中, 顧宗, 李昌, 方吉, 徐吉, 樊煥, 卓公, 孔成, 姚金秀, 甯三益, 餘知, 童貞, 袁鼎相, 汪祥, 耿顏, 邢三鸞, 薑忠, 孔天兆, 李躍, 龔倩, 段清, 門道正, 祖林, 蕭電, 吳四玉, 匡玉, 蔡公, 藍虎, 宋祿, 關斌, 龍成, 黃烏, 孔道靈, 張煥, 李信, 徐山, 葛方, 焦龍, 秦祥, 武衍公, 範斌, 葉景昌, 姚燁, 孫吉, 陳夢庚, 崇應彪, 高系平, 韓鵬, 李濟, 王封, 劉禁, 王儲, 彭九元, 李三益, 胡道元, 楊任, 殷郊, 孫寶, 方古清, 楊真, 魯雄, 溫良, 喬坤, 韓毒龍, 薛惡虎, 方弼, 方相, 李丙, 黃承乙, 周登, 劉洪, 王魔, 楊森, 高友乾, 李興霸, 趙公明, 蕭昇, 曹寶, 陳九公, 姚少司, 魔禮青, 魔禮紅, 魔禮海, 魔禮壽, 鄭倫, 陳奇, 余化龍, 여화룡부인金氏, 余達, 余兆, 余德, 余光, 余先, 雲霄娘娘, 瓊霄娘娘, 碧霄娘娘, 飛廉, 惡來

둘째, 『봉신연의』에서의 전투는 『삼국연의』와 같은 강사소설에서 상용되는 군사적 전술이나 지략을 이용한 그것과 달리, 각각의 등장인물이 지니고 있는 법력 정도에 따라 비밀무기인 寶貝의 위력으로 결정되어 지고 그 보패를 가지고 상대와 승패를 겨룬다.

林辰은 『中國神怪小說史』에서 『봉신연의』를 후대 중국 신괴소설에 지대한 영향을 끼친 '三奇'를 만들어 냈다고 높이 평가하였다. 그가 말하는 삼기는 바로 기이한 형태와 기능을 지닌 인물의 창조, 기이한 무기의 발명, 기묘한 법보와 법술로 승부를 가르는 전투와 진법을 이른다.[69] 『봉신연의』에 등장하는 대표적인 삼기를 정리하면 아래와 같다.

寶貝: 乾坤尺, 金蛟剪, 番天印, 乾坤圈, 定海珠, 降魔杵, 飛刀, 吳鉤
　　　劍, 落寶金錢, 陰陽鏡, 照妖鑑, 萬里起雲煙, 五火神焰扇, 菡萏
　　　陣, 劈面雷, 雷公鞭, 頭痛磬, 掌中目, 荒風旛, 吸魂砂, 太極圖,
　　　風袋, 化血砂, 定風珠, 八卦紫壽仙衣, 綑仙繩, 解煞衫, 三昧眞
　　　火, 毒痘, 散瘟鞭, 白光, 黃氣, 吸魂烟, 風火輪, 香火遁 土遁,
　　　黑點虎, 一角五尾獸 등
특수기능인: 雷震子, 黃巾力士, 哪吒 등
十絶陳: 天絶陳, 地熱陳, 風喉陳陳, 寒氷陳, 金光陳, 火血陳, 熱焰陳,
　　　落魂陳, 紅砂陳, 紅水陳

안능무는 『봉신연의』에 나오는 보패로 인해 이 소설을 세계최초의 SF소설이라고도 할 수 있다고 하며, 『봉신연의』에 등장하는 비밀무기인 보패를 현대식으로 해석했다.

예를 들면, 乾坤尺, 金蛟剪, 番天印, 乾坤圈, 定海珠, 降魔杵, 飛

---

69) 林辰, 『中國神怪小說史』, 浙江古籍出版社, 1998 309쪽 참조

刀, 吳鉤劍는 하늘로 날아올라가 적을 공격하는 유도무기로, 落寶金錢은 미사일을 떨어뜨리는 대항미사일로, 陰陽鏡은 살인광선기로, 照妖鑑은 X선 투시기로, 萬里起雲煙은 로켓탄으로, 風火輪은 로켓추진차로, 五火神焰扇은 원자화염방사기로, 菡萏陣은 기뢰로, 劈面雷와 雷公鞭은 수류탄으로, 頭痛磬은 신경착란 음향기로, 毒痘는 세균폭탄로, 散瘟鞭은 세균무기로, 黃巾力士는 만능로봇으로, 哪吒는 인조인간로, 白光과 黃氣는 최면가스로, 吸魂烟은 신경가스로, 掌中目은 지하탐색 가능한 고성능 레이더 등으로 보았다.70)

위에 열거한 여러 가지 火器과 세균을 이용한 무기 등71)은 『봉신연의』 줄거리의 저본이 되는 「무왕벌주평화」와 「열국지전」에서는 보이지 않는 것으로 아마도 『봉신연의』의 작가가 집필 당시인 명대에 제조되었던 화약무기와 세균무기72)에 작가의 상상력을 보태서 만들어진 창조물일 것으로 추측된다.

따라서 봉신희 레퍼토리 공연 역시 은나라와 주나라의 교체 스토리 전개를 중심으로 하는 극보다 전쟁을 제재로 현란한 전투장면을 연출할 수 있는 내용의 극이 많은 부분을 차지하고 있으며,73) 이 극 연출의 가장 관건이 되는 모티프는 바로 등장인물이 지니고 있는 보패와 보패의 대결구도라고 할 수 있다.

이러한 점은 소설 『봉신연의』는 물론 회곡으로 편극 되어서도 많은

---

70) 안능무 평역, 이정환 옮김, 『봉신연의』 1, 301~303쪽 참조
71) 姚少寶, 「『封神演義』中的火門武器」, 『新聞世界』, 2007.8
72) 로버트 템플의 『그림으로 보는 중국의 과학과 문명』(과학세대 역, 까치, 1993 367-425쪽)와 치엔웨이창의 『중국역사 속의 과학발명』(오일환 편역, 전파과학사, 1998 139-143쪽) 참조
73) 『京劇文化詞典』(黃鈞 主編, 漢語大詞典出版社, 2001)에 수록되어 있는 봉신희는 모두 편으로 대부분 각 요지의 전투를 주요 내용으로 한다.

사람들에게 오랫동안 환영받고 인기를 끌었던 중요한 요인 중의 하나라고 볼 수 있다. 淸代 趙翼은 『檐曝雜記』에서 청 건륭제 생일 축하연에서 봉신희가 대규모로 성황리에 공연되는 상황을 설명하고 있다.

> 어떤 때는 신선과 귀신이 모두 모이면 그 가면이 십만 개가 되는데, 모양이 같은 것이 하나도 없다. 신선이 등장하려면 먼저 열두세 살짜리 道童들이 줄을 지어 등장하고, 각각 수십 명씩의 열다섯, 여섯, 일곱, 여덟 살짜리들의 행렬이 이어지는데 한 치의 차이도 나지 않고 길이가 똑같다. 이를 보면 다른 것을 알 수 있다. 또 六十甲子로 분장한 壽星 육십 명은 나중에 백 이십 명으로 늘어난다.
> 有時神怪畢集, 面具千百, 無一相肖者. 神仙將出, 先有道童十二, 三歲者作隊出場, 繼有十五, 六歲, 十七, 八歲者, 每隊各數十人, 長短一律, 無分寸參差, 擧此則其他可知也. 又按六十甲子扮壽星六十人, 後增至一百二十人.[74]

앞에서 논의한 『봉신연의』의 은주역성혁명에 대한 관점과 서사전개는 봉신희 검보에 재현된 아이콘에 그대로 적용된다. 필자는 본 연구를 위해 2005년 中國 朝華出版社에서 출판된 趙夢林의 『中國京劇臉譜』에 수록된 16편의 봉신희 작품 속에 등장하는 인물 36명의 검보 38개를 기본 텍스트로 삼았다. 이를 정리하면 다음과 같다.

> 「佳夢關」의 魔禮靑, 魔禮紅, 魔禮海, 魔禮壽, 「乾元山」의 太乙眞人, 「功潼關」의 龍須虎, 「大回朝」의 聞中, 「萬仙鎭」의 黃龍眞人, 「梅花岭」의 高覺, 高明, 靑蛇, 白羊精, 朱子貞, 「反五關」의 余化, 黃明, 周紀, 黃天化, 「百子圖」의 雷震子, 「三山關」의 土行孫, 「十絶陣」의

---

74) 趙翼, 『檐曝雜記』, 中華書局, 1982 11쪽

曹寶, 「渭水河」의 姜尙, 南宮適, 「進妲己」의 崇侯虎, 崇黑虎, 「陳塘
關」의 敖丙,「穿云關」의 楊任, 「靑龍關」의 鄭倫, 陳奇, 邱引, 「黃河陣」
의 蕭升, 陳九公, 姚少司)[75), 「鬧天宮」의 楊戩, 「寶蓮燈」의 哮天犬, 「盜
仙草」의 鹿童, 鶴童[76)

위에 열거된 등장인물 가운데 마지막 4명인 楊戩, 哮天犬, 鹿童,
鶴童은 본고에서 기본 텍스트로 삼고 있는 조몽림의 『중국경극검보』
도록에 봉신희로 분류되어 있지 않고 다른 내용의 작품인 「鬧天宮」, 「寶
蓮燈」, 「盜仙草」에 편입되어 있다.

위의 세 극의 내용은 다음과 같다.
「鬧天宮」는 『서유기』 5회와 6회의 내용이다. 옥황상제가 손오공에게
천궁의 관작인 제천대성을 제수하고 복숭아밭을 관리하도록 명한다. 손오
공은 정원의 선도를 마음대로 먹는다. 그러자 시왕모는 손오공만 빼고 모
든 신선을 초청하여 반도연을 베푼다. 이에 화가 난 손오공은 반도와 어주
를 훔치고 천궁을 어지럽히고 금단을 훔쳐먹고 화과산으로 돌아와 버린
다. 옥황상제는 분노하여 이천왕 양전에게 십만의 신병을 거느리고 손오
공을 잡아오라고 명한다. 손오공은 군대를 일으켜 신병을 크게 무찌른다.
「寶蓮燈」은 그 줄거리가 설창문학에서 전해져 내려와 남희 「劉錫沉
香太子」와 북잡극 「沉香太子劈華山」 등의 송원희곡에 흡수되었으나,
현재는 모두 실전되었다. 화산성모는 선계의 적막함을 참지 못하고 서생

---

75) 魔禮靑(281번), 魔禮紅(282번), 魔禮海(283번), 魔禮壽(284번), 太乙眞人(270
번), 龍須虎(291번), 聞中(5번), 黃龍眞人(292번), 高覺(279번), 高明(280번), 靑
蛇(562번), 白羊精(564번), 朱子貞(568번), 余化(286번), 黃明(287번), 周紀(288
번), 黃天化(290번), 雷震子(12번), 土行孫(4번), 曹寶(294번), 姜尙(6번), 南宮
適(324번), 崇侯虎(7번), 崇黑虎(8번), 敖丙(278번), 楊任(285번), 鄭倫(1번), 陳
奇(3번), 邱引(289번), 蕭升(293번), 陳九公(295번), 姚少司(296번)
76) 楊戩(『중국경극검보』 23쪽 그림), 哮天犬(266번, 567번), 鹿童(271번), 鶴童(272번)

유언창과 결혼한다. 성모의 오빠 이랑신 양전은 여동생이 하늘의 법을 파기하자 성모의 화산을 진압하려고 한다. 이후 성모는 유언창과의 사이에서 아들 침향을 낳아 기른다. 유언창은 과거에 장원으로 급제하여 왕계영을 첩으로 얻어 추아를 얻는다. 침향과 동생 추아는 함께 기거하며 공부했고 우애가 대단히 깊었다. 어느 날 침향이 공부를 하던 중에 실수로 늙은 태사 진찬의 아들 관보를 때려죽인다. 두 형제는 집에 돌아가 부모에게 서로 자신이 사람을 해쳤다고 말했다. 왕계영은 맘속으로 친아들 추아를 보호하고 싶었으나 그해에 삼성모가 보련등을 보내어 구해준 은혜를 생각하고는 결국 추향을 화산으로 도망치게 하고 친아들 추아의 생명을 바친다. 침향은 선계에서 무예를 배우고 신부를 얻어 이랑신과 싸워 이기고 화산을 도끼로 가른 후 삼성모를 구해 낸다.

「盜仙草」는 허선은 단오절에 백소정에게 雄黃酒를 마시게 하여 그녀의 본 모습인 뱀의 형상이 드러나자, 이를 보고 놀라 기절한다. 백소정은 허선을 소생시키기 위해 곤륜산으로 靈芝仙草를 구하러 갔으나, 곤륜산을 지키는 학과 사슴 두 신선과 싸워 패한다. 南極仙翁은 그녀를 가련히 여겨 仙草를 주어 허선을 구하게 한다.

그러나 이 세 편의 희곡 작품은 모두 그 내용이 봉신희의 그것과 서로 영향을 주고 받은 神話戲에 속하며, 등장인물의 극 속 역할 역시 크게 다르지 않다고 본다. 따라서 필자는 위 네 개의 검보를 본 연구의 연구대상으로 삼아도 무방하리라 판단한다.

위에 열거된 각각의 봉신희 내용에 해당되는 소설 『봉신연의』 회차와 회목을 정리하면 다음과 같다.

봉신희 극목	『봉신연의』 해당 회차 및 회목	봉신희 극목	『봉신연의』 해당 회차 및 회목
佳夢關	第40回 四天王遇炳靈公	三山關	第53回 邓九公奉敕西征 第54回 土行孙立功显耀 第55回 土行孙归服西岐 第56回 子牙设计收九公
乾元山	第13回 太乙眞人收石磯	十絶陣	第45回 燃灯议破十绝阵
功潼關	第81回 子牙潼關遇痘神 第82回 三教大會萬仙陣 第83回 三大師收獅象犼 第84回 子牙兵取臨潼關	渭水河	第24回 渭水文王聘子牙
大回朝	第27回 太師回兵陣十策	進妲己	第3回 姬昌解围进妲己
萬仙鎭	第82回 三教大會萬仙陣	陳塘關	第12回 陈塘关哪吒出世 第13回 太乙真人收石矶 第14回 哪吒现莲花化身
梅花岭	第90回 子牙捉神茶郁垒 第91回 蟠龙岭烧邬文化 第92回 杨戬哪吒收七怪	穿云關	第79回 穿云关四将被擒
反五關	第30回 周纪激反武成王 第31回 闻太师驱兵追袭 第32回 黄天化潼关会父 第33回 黄飞虎泗水大战 第34回 飞虎归周见子牙	靑龍關	第73回 青龙关飞虎折兵 第74回 哼哈二将显神通
百子圖	第10回 姬伯燕山收雷震	黃河陣	第47回 公明辅佐闻太师 第48回 陆压献计射公明 第49回 武王失陷红沙阵 第50回 三姑计摆天河阵

필자는 위에 제시한 16편의 봉신희 작품 속에 등장하는 인물 36명 38개 검보에 그려져 있는 아이콘의 재현대상을 분류한 결과, 소설 『봉신연의』에 묘사된 등장인물의 외형 분장과 소품 및 특수효과를 재현하고 있었다. 이를 분류하면 아래와 같다.

○ 얼굴 생김새

숭흑호, 용수호, 토행손, 뇌진자, 양전, 효천견, 녹동, 학동, 오병, 청사, 백양정, 주자정, 고각, 고명

○ 소품 및 특수효과

구인, 태을진인, 정륜, 진기, 문중, 여화, 양임, 소승, 마례청, 마례홍, 마례해, 마례수

○ 이미지 상징

강상, 진구공, 요소사, 황룡진인, 황명, 주기, 황천화, 조보, 남궁괄, 숭후호

2) 아이콘의 재현방식

글을 '읽는' 문화에서 이미지를 '보는' 문화로의 변화는 문화생산자와 수용자에게 모방(mimesis)이라는 문화의 시각화 기능이 가동되었음을 의미하며, 쌍방에게 이것을 어떻게 표현하고 읽어 낼 것인가에 대한 연결고리 탐색에 대한 고민을 던져 준다.

이미지라는 용어는 사전적 의미로는 어떤 평범한 표면이 대상을 반사시키는 역전적 생산물을 말하는데 일반적으로 이것은 어떤 대상에 대한 다소 정확한 대상의 복사 즉 재현을 지칭한다. 그러나 보다 넓은 의미에서 볼 때 이미지는 단지 대상의 외관적 복제에만 관계하는 것이 아니라 꿈이나 환상 혹은 기억과 같은 비현실적이고 형이상학적인 생산물, 다시 말해 어떤 사물이나 사실에 대한 감각과 인상의 정신적 재현에도 관계할 수 있다. 복제이미지는 대상에 대한 시각적이고 물리적인 재현일 때를, 상징적 이미지는 보이는 시각세계와 안 보이는 정신세계를 연결하는 의미적 측면에 관계하고 있다. 이는 특별히 예술에 있어

표현적 가치를 주는 시각적 재현 생산물 속에 나타난다.[77]

그러므로 굿먼은 상징적 이미지를 강조하여 지금까지의 실재 세계를 시각적 재현 원리를 닮음에 있다는 전통적인 설명에 대해 "지시(denotation)가 재현의 핵심이며 닮음(resemblance)과는 무관하다"고 반박하며, 재현적 그림은 임의적인 기호이기에 그것의 해석은 그 기호가 속한 기호체계에 따라야 한다고 주장하였다. 곰브리치 역시 생산자가 제작한 시각적 기호를 감상자의 몫으로 돌리고 감상자가 제대로 해석을 해야 시각적 의사소통이 일어날 수 있다고 주장하였다.[78] 이러한 시각적 소통은 코드화와 해독을 필요로 하는 관습적 기호들의 작용이며 기호생산자와 감상자의 지각심리학적 기제에 의해 설명될 수 있다.

얼굴 분장은 관객들에게 배우가 맡은 배역에 관한 정보와 캐릭터를 정확하게 전달하는 것이 최고의 목표이다. 이 때문에 검보 제작자들도 극중 배역의 그것을 관객에게 사실적이고 정확하게 전달하기 위해 중국 전통극의 정형화되어 있는 얼굴 화장법의 범위 안에서 독특한 성격과 형태를 지닌 정과 축 역의 등장인물을 배역에 맞에 포인트를 잡아 내어 어떻게 검보에 그려 넣을 것인가를 고민했을 것이다. 그 결과, 검보의 색과 구도로 제공되지 못 하는 구체적인 등장인물의 특징을 아이콘으로 제공했다.

필자는 중국 전통극 검보의 이이콘을 읽어 내는데 있어 전통적인 시각적 재현 원리인 닮음과 굿먼과 곰브리치가 주장하는 지시적 재현 이

---

77) 박정기, 고재성, 「시각 이미지 재현체게 고찰」, 『디자인학연구집』7권 호, 한국디자인문화학회, 2001

78) 오종환, 「시각적 재현의 객관성에 대한 소고」, 『美學』 제 30권, 한국미학회, 2001.5

두 가지 모두 적용된다고 본다. 검보 아이콘은 실재에 대한 리얼리티 제공과 함께 배우와 관객이 오랫동안 쌓은 문화적인 소통기제가 깔려 있는 특정한 의미를 나타내는 표상이기 때문이다.

본장에서는 '닮음'과 '지시'의 두 개념을 인지학에서 사용하는 아이콘 표상방식인 '유사', '상징', '임의'로 세분화하여[79] 봉신희 등장인물 검보 아이콘의 시각적 재현방식을 살펴보고자 한다.

① 유사

본 글에서는 등장인물을 실제 얼굴 모습을 사실적으로 재현하고 있는 봉신희 검보를 인간, 동물, 요괴로 분류하여 검보에 그려진 아이콘을 살펴보도록 한다.

崇黑虎	龍須虎	土行孫	雷震子
[黑碎花臉]	[綠象形臉]	[黃象形臉]	[藍象形臉]

숭흑호는 숭후호의 동생으로 「진달기」에 등장하는 인물이다. 우선 『봉

---

79) 박진한과 한광희는 아이콘의 시각 정보 처리 방식을 유사, 표본, 상징, 임의 네 가지 범주로 나누어 고찰하고 있으나, 본고의 연구대상으로 하고 있는 봉신희 검보 아이콘은 그중 두 가지에 해당이 되므로 본고에서는 유사, 상징, 임의의 용어만 가져다 쓰기로 한다.(박진한, 한광희, 「아이콘의 표상 방식에 따른 시각정보처리」, 『한국인지과학회 논문지』제 8권 제4호)

신연의』의 본문 가운데서 숭흑호를 자세하게 묘사한 부분을 살펴본다.

급히 말에 올라 앞을 바라보았더니 두 개의 깃발 사이로 한 장수가 보였다. 얼굴은 솥바닥 같았고, 붉은 수염에 두 줄기 흰 눈썹과 도금한 듯한 눈을 가지고 있으며, 구운열염비수관을 쓰고, 몸에는 쇄자연환갑와 대홍포를 입었으며, 허리에는 백옥대를 둘렀으며, 화안금정수를 타고 두 자루의 담금부를 들고 있었다. 그 사람은 바로 숭후호의 동생이며 조주후을 봉직받은 숭흑호이다.

……숭흑호는 뒤에서 쇠방울 소리가 들려 고개를 돌려 보았더니 전충이 계속해서 쫓아오고 있었다. 그래서 황급히 등 뒤에 있는 붉은 호롱박 뚜껑을 열고 주문을 외었다. 그랬더니 호롱박 안에서 한 줄기 검은 연기가 그물같이 펼쳐지면서 그 속에서 까옥하는 소리가 들리며 하늘의 태양을 가리운 채 날아올랐다. 이것은 바로 鐵嘴神鷹으로 전충의 얼굴을 향해 입을 쫘악 벌리고 쪼으러 갔다.

急自上馬望前看時, 只見杆旗幡開處, 見一將面如鍋底, 海下赤髥, 兩道白眉, 眼如金鍍, 帶九雲烈焰飛獸冠, 身穿鎖子連環甲, 大紅袍, 腰系白玉帶, 騎火眼金晴獸, 用兩柄湛金斧, 此人乃崇侯虎兄弟崇黑虎也. 官拜曹州侯.

……黑虎聞腦後金铃响处, 回头见全忠赶来不舍; 忙把脊梁上红葫芦顶揭去, 念念有词. 只见红葫芦裹边一道黑气冲出, 放开如网罗大小, 黑潭中有噫哑之声, 遮天映日飞来, 乃是铁嘴神鹰, 张开口劈面咬来. 全忠只知马上英雄, 那晓得黑虎异术, 急展戟护其身面, 坐下马早被神鹰一嘴, 把眼啄了.[80]

숭흑호의 검보는 소설 속 묘사를 바탕으로 사실적으로 표현되었다. 그의 검보는 검은 색 얼굴 바탕에 붉은 수염과 눈에서부터 머리까지 과장되게 그려진 하얀 눈썹, 그리고 금색 눈과 구운열염비수관을 상징

---

80) 『봉신연의』 제3회

하는 빨간색 아이콘으로 재현되어 있다.

용수호는 「공동관」의 등장인물로, 강자아의 부장이다. 그의 검보 역시 『봉신연의』에 묘사된 대로 긴 송곳니를 지니고 있으며 적을 향해 돌진하며 수많은 돌을 던지며 바람에 날리는 모습이 재현되어 있다.[81]

토행손은 「삼산관」의 등장인물이다. 그는 곤륜산 십이대선 중 하나인 구류손의 제자로 선골이 없어 도인이 되지 못하고, 인간계로 내려와 강자아의 봉신 계획을 돕는다. 토행손은 키가 4척 남짓 밖에 안 되지 않는 단신이며 코가 크고 얼굴이 못 생긴 추남이지만, 그는 쇠몽둥이를 잘 쓰고 땅속을 자유자재로 돌아다니는 지행술에 능하다. 그의 검보에는 주름 잡힌 큰 코를 특징적으로 재현하고 있다.[82]

뇌진자는 「백자도」의 등장인물로, 西伯侯 姬昌이 길에서 주워 백 번째 자식으로 삼았는데 운중자에게 주어 종남산에서 양육된다. 그는 7년 뒤 희창이 동관에서 어려움을 처했을 때, 스승 운중자의 명으로 하산하여 아비를 구하고, 두 번째 하산해서는 강자아를 도와 많은 은주역성혁명을 성공시키는데 많은 공을 세운다. 그는 얼굴이 독수리 모양으로 생겼고, 양쪽 겨드랑이에 風雷라고 씌여진 날개가 달려 있어 바람을 일으키고 벼락을 내리치는 기풍발뇌술, 무서운 음양의 정기로 거대한 바위와 나무를 쓰러뜨릴 수 있는 황금곤을 사용하여 적을 무찌른다.[83] 그의 검보에는 새의 코가 사실적으로 그려져 있다.

양전은 옥천산 금하동에서 옥정진인을 좇아 도를 배운 뒤, 스승의 명을 받들어 하산하여 강자아를 도와 은나라 주왕의 군대를 무너 뜨리

---

81) 『봉신연의』제54회
82) 『봉신연의』제52회
83) 『봉신연의』제22회

고 주나라를 일으킨다. 그는 일흔 두 가지 모습으로 변할 수 있는 九轉玄功術, 충격에 대비하여 몸 안의 원기를 단전에 모아 기력을 강화시키는 行功術, 몸을 감추는 掩身術을 부릴 줄 알고, 바위와 쇠도 녹일 수 있는 불인 三昧眞火 · 三尖刀를 가지고 있으며 신견 효천견을 데리고 다닌다. 그는 두 눈 사이에 눈이 하나 더 달려 있다. 따라서 그의 검보에는 선인라는 것을 표시하기 위해 금색을 얼굴의 주요 바탕색으로 하고 미간에 눈이 하나 더 그려져 있다.

楊戩[84]

다음으로 봉신희에 등장하는 동물 검보를 살펴보도록 한다.

효천견은 양전이 데리고 다니는 신견으로, 검보는 개의 모습을 그대로 재현하는 金象形臉과 白象形臉이다. 그중 567번 검보에는 효천견

---

84) 조몽림, 앞의 책, 23쪽

이마 부분에 신통술을 가지고 있다는 것을 알리는 상징적인 아이콘이
덧붙어 있다.

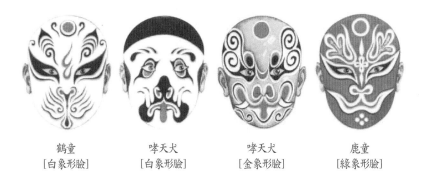

鶴童
[白象形臉]

哮天犬
[白象形臉]

哮天犬
[金象形臉]

鹿童
[綠象形臉]

녹동과 학동은 南極仙翁의 제자인 仙童으로, 스승의 심부름으로 다
른 신선과 도사처럼 신통술을 부리기도 적과 보패를 가지고 싸우기도
한다. 그러나 이 두 배역의 검보는 사슴과 학의 고유한 모습 그대로 재
현되고 있다. 녹동은 사슴을 외형을 대표하는 머리의 뿔, 사슴코, 사슴
몸에 있는 점이 각각 검보의 이마, 코, 턱 부분에 그려져 있다. 학동은
얼굴 바탕은 흰색으로 칠하고 그 위에 이마와 입부위에는 검은색으로
학의 날개 모양을 그려 넣었다.

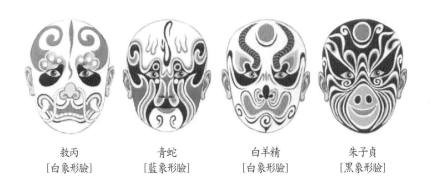

敖丙
[白象形臉]

青蛇
[藍象形臉]

白羊精
[白象形臉]

朱子貞
[黑象形臉]

高覺　　　　　　　高明
[紫花三塊瓦臉]　　[藍花三塊瓦臉]

오병은 「진당관」의 등장인물로, 동해용왕 오광의 세 번째 아들이다. 그는 하마를 타고 멋있는 문양이 새겨진 창을 가지고 있다. 오병은 진당관 수장 이정의 아들 나타가 동해를 어지럽히자 이를 저지하려고 나섰으나 오히려 나타에게 죽고 그의 龍筋은 투구끈으로 사용된다.[85] 그의 검보에는 용의 눈과 날카로운 이, 그리고 코 옆의 긴 용근이 그려져 있다.

청사, 백양정, 주자정은 모두 「매화령」에 등장하는 인물로, 梅山 일곱 요괴에 속한다. 청사는 이름이 長昊고 뱀 요괴로, 뱀 형상을 하고 있다. 그의 검보에는 뱀의 비늘과 눈 모양이 특징적이다. 백양정은 이름이 楊顯이고 양 요괴로, 양 형상을 하고 있으며 검보에는 양의 뿔을 특징적으로 그리고 있다. 주자정은 돼지 요괴로, 돼지 형상을 하고 있으며 검보에는 돼지 코와 입을 두드러지게 그려져 있다.[86] 고각은 「매화령」의 등장하는 기반산의 버드나무 요괴이다. 그는 산 위에 있는 헌원묘의 진흙 인형 귀신에 의탁하고 순풍이의 몸에 영기를 얻게 하여 능히 천리 밖의 소리를 들을 수 있다.

고명 역시 「매화령」의 등장하는 기반산의 도화나무 요괴이다. 그는 산

---

85) 『봉신연의』 제12회
86) 『봉신연의』 제90, 91, 92회

위에 있는 헌원묘의 진흙 인형 귀신에 의탁하고 천리안의 몸에 영기를 얻게 하여 능히 천리를 볼 수 있었다. 고각과 고명은 강자아가 주왕을 토벌할 때 기반산을 하산하여 은홍을 도와 주나라 군사를 저지한다.[87] 두 등장인물의 검보에는 각각 버드나무잎과 도화꽃잎이 두드러지게 그려져 있다.

② 상징

본 글에서는 등장인물의 사실적인 얼굴 생김새 뿐 아니라 그 배역이 가지고 있는 겉으로 드러나지 않은 내부적인 특징과 특기를 상징할 수 있는 소품이나 특수효과를 시각적으로 표현한 아이콘을 중점적으로 살펴보기로 한다.

丘引	太乙眞人	鄭倫	陳奇
[黑花象形臉]	[紅三塊瓦神仙臉]	[綠尖三塊瓦臉]	[紅花三塊瓦臉]

聞中	余化	楊任	蕭升
[紅六分臉]	[黑碎花臉]	[紅花三塊瓦神仙臉]	[白三塊瓦臉]

87) 『봉신연의』 제90, 91, 92회

우선 봉신희 등장하는 인물 가운데 원래는 미물 출신으로 도를 수행하여 사람의 모습을 얻어 활약한 선인들을 재현한 구인의 검보를 살펴보도록 한다. 구인은 「청룡관」의 등장인물로, 청룡관의 수장이다. 그는 원래 자라였는데 수행하여 사람의 형상을 얻었으며 토둔을 이용하는 등 법술을 사용할 수 있다. 그는 비록 사람의 형체를 지니고 있지만, 검보에는 자라 형상으로 그려져 있다.[88]

다음으로 봉신희 등장인물이 지니고 있는 법술이나 특기를 상징적으로 재현한 검보를 살펴 본다. 태을진인은 「건원산」의 등장인물로, 건원산 금광동의 선인이다. 그는 하산하여 주를 도와 은을 멸망시키는데 일조하기 위해 화혈진을 격파하고 황하진에 걸려들었으나 겨우 구출되어 머리 위의 삼광을 잃어버려 다시 수련을 쌓아야 했다. 그는 불로는 타지 않는 물건을 태우는 神火와 바구니처럼 생겨 적을 가두는 구룡신화조라는 보패를 가지고 있다.[89] 그의 검보에는 적과 싸움을 할 때 미간 부분에 신화를 상징하는 불꽃 모양이 그려져 태을진인이라는 것을 상징하고 있다.

정륜은 「청룡관」의 등장인물로, 강자아의 독량관이다. 그는 진기와 함께 '哼哈二將'이라고 일컬어지는 장수이다. 그는 화안금정수를 타고 鎧甲離鞍와 항마저를 휘두르고, 코로 하얀 연기를 내뿜어 적을 기절시키는 능력을 가지고 있다.[90] 그의 검보에는 정륜의 비술인 코에서 하얀 가스가 나오는 모습을 상징적으로 그리고 있다.

진기 역시 「청룡관」의 등장인물로, 청룡관을 지키는 은나라 장수 구

---

88) 『봉신연의』 제73, 74회
89) 『봉신연의』 제13회
90) 『봉신연의』 제74회

인 휘하의 독량관이다. 진기는 주나라 진영의 정륜과 대적할 수 있는 左道를 지니고 있다. 그는 정륜과 비슷하게 적과 싸울 때 입으로 노란 가스를 내뿜어 적의 피와 살을 마르게 하고 정신을 잃게 하여 타고 있던 말에서 떨어지게 한다. 또 화안금정수를 타고 金冠倒蹋과 蕩魔杵를 휘두른다.[91] 그의 검보에는 입에서 노란 가스를 내뿜고 있는 모습을 그려 진기라는 것을 표현하고 있다.

문중은 「대회조」의 주인공으로, 은나라의 태사이다. 그는 미간에 세 번째 눈이 달려 있는데 눈을 열면 하얀 연기가 나와 적을 쓰러 뜨린다. 또 흑기린을 타고 다니며 金鞭으로 허공에 원을 그리면 금편에서 황금색의 빛이 뿜겨져 나와 울타리를 만들어 적을 그 안에 가두는 金遁術을 부릴 수 있다.[92] 그의 검보에는 미간에 눈을 하나 더 그리고 거기에서 나오는 하얀 가스를 이마와 머리에 걸쳐 과장되게 표현하고 있다.

여화는 「반오관」의 등장인물로, 氾水關 守將 韓榮의 부장이다. 그는 여원의 제자이며 七首將軍이라는 별칭을 가지고 있다. 그는 황색 얼굴에 붉은 수염을 하고 매우 흉악하게 생겼으며, 화안금정수를 타고 化血神刀를 휘두르며 특히 적의 혼을 빨아 들이는 引魂幡을 부릴 줄 안다.[93] 그의 검보에는 그가 적을 대적할 때 사용하는 가장 큰 무기인 인혼번을 형상화하여 이마 중앙에 상대의 영혼을 상징하는 그림이 그려져 있다.

양임은 「천운관」의 등장인물로, 은나라 상대부이다. 주왕은 달기의 모함으로 양임의 두 눈을 도려 냈다. 청허도덕진군이 충신인 그를 가엽

---

91) 『봉신연의』 제74회
92) 『봉신연의』 제50, 51회
93) 『봉신연의』 제74, 75회

196

게 여겨 황건역사를 보내 청봉산으로 데려가 제자로 삼는다. 청허도덕 진군은 두 알의 선단을 양임의 두 눈 구멍에 집어 넣자 그 안에서 눈이 달린 두 개의 손이 돋아 나왔다. 그후로 양임은 위로는 하늘 끝까지 볼 수 있고 아래로는 땅 밑까지 볼 수 있는 능력을 지니게 되었다.[94] 그의 검보에는 바로 掌中眼이 그려져 양임을 상징하고 있다.

소승은 「황하진」의 등장인물이다. 소승은 조보와 함께 오이산 백운 동에서 천오백 년전 싸움을 하지 않고 중립을 지키겠다는 맹세를 했다. 그들은 천교와 절교 어느 쪽에도 소속되지 않은 상태에서 어떠한 스승 이나 제자도 받아들이지 않았다. 소승과 조보는 오이산에서 수행을 하 며 공격 능력이 없는 방어만 할 수 있는 보패를 개발하였다. 그래서 소 승이 가지고 있는 보패는 공격해 오는 보패를 막아 파괴하는 落寶金 錢으로 그의 검보 트레이드 마크로 표현하고 있다.[95]

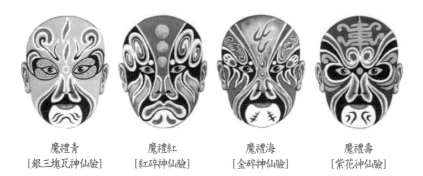

| 魔禮青 | 魔禮紅 | 魔禮海 | 魔禮壽 |
| [銀三塊瓦神仙臉] | [紅碎神仙臉] | [金碎神仙臉] | [紫花神仙臉] |

마례청, 마례홍, 마례해, 마례수의 검보는 등장인물의 얼굴 생김새, 머리와 신체 분장 및 전술 특기가 사실적이면서도 상징적인 아이콘으

---

94) 『봉신연의』 제79회
95) 『봉신연의』 제50, 51회

로 재현되고 있다. 이 네 인물은 「가몽관」의 주요 등장인물로, 가몽관을 지키는 장수들이다. 그들의 외형과 특기에 대해 『봉신연의』에 대단히 자세하게 서술된 부분이 있다.

승상! 가몽관 마가의 네 장수는 형제지간입니다. 모두 異人으로부터 기이한 도술과 변신술을 전수받았기 때문에 대적하기가 크게 어렵습니다.

맏이는 마례청이라 하옵는데 키가 2장 4척이나 되고 얼굴은 마치 게처럼 생겼으며 수염은 구리줄과 같습니다. 또 긴 창을 사용하며 말을 타지 않고 걸어서 싸웁니다. 전수 받은 보검이 있는데 青雲劍이라고 합니다. 검의 위쪽에는 인장이 새겨져 있고 가운데는 地, 水, 火, 風 네 자로 나뉘어져 있는데, 여기에서 풍은 곧 흑풍으로 그 바람 안에는 수 천 수 만 개의 창이 들어 있습니다. 만약 이 검을 맞게 되면 사지가 가루가 되어 버립니다. 화에 대해 말하자면, 공중에서 金蛇가 요동을 치면서 온 천지가 검은 연기로 자욱하게 둘러싸입니다. 이 연기는 사람의 눈을 가리고 뜨거운 불로 태워 죽이니 무엇으로도 이를 당해 낼 수 없습니다.

또 마례홍이란 자는 우산 하나를 비전 받았는데 混元傘이라고 합니다. 이 우산은 온통 夜明珠, 碧塵珠, 碧火珠, 碧水珠, 消凉珠, 九曲珠, 定顏珠, 定風珠 등 청옥이 달려 있습니다. 그 청옥에는 '裝載乾昆'이라는 네 글자가 새겨져 있는데, 우산을 감히 펴지 못하게 해야 합니다. 그것을 펴면 하늘과 땅이 모두 어두워지고 해와 달도 그 빛을 잃게 되고, 그것을 돌리면 하늘과 땅이 제멋대로 요동을 치게 됩니다.

또 마례해라는 자가 있는데, 그는 창을 사용하고 등에는 비파를 메고 다닙니다. 그 비파는 네 개의 현으로 되어 있는데 이것도 역시 지수화풍에 해당되는 것입니다. 현을 튕겨 소리를 내면 風火가 몰아치게 되는데, 마치 청운검과 같은 위력입니다.

마지막으로 마례수라는 자가 있는데 그는 두 개의 채쩍을 사용합니다. 또 주머니 속에 흰 쥐처럼 생긴 물건을 넣어 가지고 다니는데 이를 '花狐貂'라고 부릅니다. 이것을 공중에 던지며 흰 코끼리처럼 변신하는데, 겨드랑이에 날개가 돋혀 있으며 세상 사람들을 모두 잡아먹어 버립니다. 만일

이 네 장수가 서기를 치러 온다면 아군은 승리를 얻지 못할 것입니다."

　　"丞相在上，佳梦关魔家四将，乃弟兄四人，皆系异人秘授，奇术变幻，大是难敌。长曰魔礼青，长二丈四尺，面如活蟹，须如铜线；用一根长，步战无骑，有秘授宝剑，名曰："青云剑。"上有符印，中分四字，地、水、火、风，这风乃黑风，风内万千戈矛，若乃逢着此风，四肢成为齑粉。若论火，空中金蛇搅绞，遍地一块黑烟，烟掩人目；烈烧人，并无遮挡。还有魔礼红，秘授一把伞。名曰："混元伞。"伞皆明珠穿成，有祖母绿，祖母碧，夜明珠，辟尘珠，辟火珠，辟水珠，消凉珠，九曲珠，定颜珠，定风珠。还有珍珠穿成"装载乾坤"四字，这把伞不敢撑，撑开时天昏地暗，日月无光，转一转乾坤晃动。还有魔礼海，用一根，背上一面琵琶，上有四条弦；也按地、水、火、风，拨动弦声，风火齐至，如青云剑一般。还有魔礼寿，用两根鞭，囊里有一物，形如白鼠，名曰："花狐貂。"放起空中，现身似白象，胁生飞翅，食尽世人。若此四将来伐西岐，吾兵恐不能取胜也。"96)

　　마례청의 검보는 그의 내외면적인 여러 가지 특징 가운데 가장 대표적인 점을 과장되게 부각시킨 점이 눈에 띄인다. 그의 검보에는 수염과 무기 같이 얼굴 생김새와 소품 등이 매우 사실적으로 표현되고 있다. 그런데 그의 검보에서 매우 독특한 부분이 있다. 그가 소유한 보패 청운검에는 검의 火 기능을 사용하면 검은 연기가 나면서 그 연기가 적의 눈을 가려 보이지 않아 싸우지 못하게 하고 뜨거운 불에 태워 죽이는 기능이 있다. 그런데 마례청의 검보에는 청운검의 위력으로 인해 잘 보이지 않는 상대의 눈을 그의 검보에 재현하고 있다. 이는 검보의 역할과 기능의 폭을 넓히는 점으로 인물의 캐릭터를 매우 상징적인 표현

96) 『봉신연의』 제40회

하고 있다고 볼 수 있다.

마례홍의 검보에는 혼원산에 달려 있는 구슬과 이를 돌리는 모양이 그려져 있고, 마례해의 검보에는 마례해가 지니고 다니는 비파를 튕기면 소리를 내며 나오는 바람과 불이 그려져 있다. 마례수의 검보는 위의 세 형과 구분을 확연히 하기 위해 그가 지닌 보패나 도술을 형상화시키지 않고 그의 이름 마지막 글자 '壽'자를 이마 한 중앙에 그려 넣어 마례수임을 상징하였다.

③ 임의

본 글에서는 시각 능력만으로 읽어 낼 수 없는 감각과 인상의 정신적인 형이상학적인 생산물로 재현된 봉신희 검보 아이콘를 살펴보고자 한다.

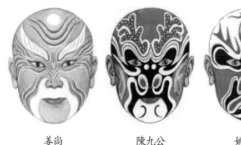

姜尙
[老紅整臉]

陳九公
[藍花元寶臉]

姚少司
[綠膛元寶臉]

1. 財神 趙公明

강상은 「위수하」의 주인공으로, 주 문왕이 주를 일으키기 위해 현사를 발굴하던 도중 위수 가에서 만난 인물이다. 그는 선계에서는 우주 재편계획의 행동대장이며, 인간계에서는 주문왕을 도와 은주역성혁명을 일으켜 주나라를 세우는 일등공신이다. 그는 四不象을 타고 다니며

打神鞭, 杏黃旗, 五雷響亮術을 부릴 수 있다. 그의 검보는 나이가 들었다는 것을 표현하기 위해 하얀 눈썹과 하얀 수염을 그려 넣고, 그가 신통력을 부리는 것을 상징하기 위해 이마 중앙 위쪽에 하얀색으로 동그라미를 그려 넣었다. 강상처럼 신통력을 지니고 있는 등장인물의 검보에는 대부분 이마 위에 동그라미가 그려져 있다. 봉신희 검보에서 다른 예를 들면, 토행손, 뇌진자, 녹동, 학동, 효천견, 백양정, 주자정, 여화의 검보 등이 있다.

진구공과 요소사는 「황하진」의 등장인물로, 아미산 나부동에서 수도하는 趙公明의 제자이다. 소설『봉신연의』에서의 조공명은 문중의 부탁으로 두 제자를 데리고 검은 호랑이를 타고 하산하여 縛龍索과 鐵鞭, 금교전의 보패를 사용하여 강자아를 죽였다. 이후 조공명은 죽어서 강자아에게 龍虎玄檀眞君으로 봉신되어 진구공과 요소사가 포함되어 있는 如意四位正神을 관장한다. 그 중 진구공은 부를 부르는 사자인 招財使者로, 요소사는 이재를 관장하는 利市仙官으로 봉해졌다. 이 때문에 조공명은 진구공과 요소사와 함께 이후 민간에서 관우와 같이 재물을 관장하는 財神으로 숭배 받아 오고 있다.

진구공과 요소사의 검보에는 봉신희 내용에 맞는 사실적인 이미지가 아닌 민간에 전해진 理財와 관련된 상징적인 이미지로 표현되어 관객의 이해를 돕는다. 진구공의 검보에는 얼굴 양 볼에 엽전이 그려져 있고, 또 이마와 머리에는 使者를 상징하는 사슴의 뿔이 그려져 있다. 요소사는 돈을 관장하는 선관답게 이마 중앙에 엽전 하나가 크게 그려져 있다.[97]

---

97) 『봉신연의』 제48, 49, 99회

지금까지 봉신희 검보 아이콘을 연구대상으로 하여 중국 전통극의 검보 아이콘 생성과 구성 원리를 고찰하였다. 이를 정리하면 다음과 같다.

첫째, 검보 아이콘은 극 중 등장인물의 얼굴 생김새를 사실적이며 구체적으로 재현하고 있다. 여기에 해당하는 검보는 숭흑호, 용수호, 토행손, 뇌진자, 양전, 효천견, 녹동, 학동, 오병, 청사, 백양정, 주자정, 고각, 고명의 것으로, 대부분 상형검에 속한다.

둘째, 검보 아이콘은 등장인물의 머리와 신체 분장에서 해당 배역의 트레이드 마크와 같은 가장 특징적인 부분을 재현한다. 이에 해당하는 검보는 구인, 태을진인, 정륜, 진기, 문중, 여화, 양임, 소승, 마례청, 마례홍, 마례해, 마례수의 것이다. 이들 검보의 아이콘은 해당인물을 대표할 수 있는 내외면적인 특징과 특기를 독특하고 상징적으로 재현하고 있었다. 따라서 전통극 검보 아이콘은 현대극 무대에서의 특수효과와 장치 혹은 무대 소품 등이 시각적으로 표현되었다고 볼 수 있다.

셋째, 검보 아이콘은 시각 능력만으로 읽어 낼 수 없는 감각과 인상의 정신적인 형이상학적인 부분을 재현하였다. 이에 해당하는 검보는 강상, 진구공, 요소사, 황룡진인, 황명, 주기, 황천화, 조보, 남궁괄, 숭후호의 것이다. 이런 유형의 검보 아이콘을 생산하고 감상하기 위해서는 생산자와 관객 간에 문화적인 소통의 기제가 전제가 되어야 한다. 여기에 사용된 아이콘은 대부분 오랫동안 검보 제작자와 관객이 만들어낸 관습적 문화기호이기 때문이다.

이상의 논의를 통해 볼 때, 검보 아이콘은 전통극의 정형화된 배우의 연기와 분장, 특수한 돌출형 무대 여건 때문에 채울 수 없는 요소들을 배우의 얼굴화장에 시각적으로 기호로 보완한 장치라고 할 수 있다.

참고문헌

許仲琳, 『封神演義』, 上海古籍出版社, 2005

馮夢龍, 『列國志傳』, 中華書國, 2009

『武王伐紂平話』, 中華書局, 1956

안능무 평역, 이정환 옮김, 『봉신연의』, 솔, 1997

趙翼, 『檐曝雜記』, 中華書局, 1982

趙夢林, 『中國京劇臉譜』, 朝華出版社, 2005

林辰, 『中國神怪小說史』, 浙江古籍出版社, 1998

김학주 등 공저, 『중국공연예술』, 한국방송통신대학교출판부, 2002

루쉰 저, 조관희 역주, 『중국소설사』, 소명출판, 2004

로버트 템플 저, 과학세대 역, 『그림으로 보는 중국의 과학과 문명』, 까치, 1993

褚殷超, 『封神演義』傳播研究, 山東大學 碩士學位論文, 2006.5

曲曉紅, 「封神演義」研究綜述」, 『銅凌學院學報』, 2007年 第5期

劉彦彦, 「論封神演義」的作者」, 『華北水利水電學院學報』, 2007.5

姚少寶, 「『封神演義』中的火門武器」, 『新聞世界』, 2007.8

이은영, 「『封神演義』의 成書過程에 영향을 준 또 하나의 작품『列國志傳』」, 『中國小說論叢』 26집, 2007.9

정유선, 「검보, 스테레오타입의 시각적 재현」, 『中國小說論叢』 29집, 2009.3

박진한, 한광희, 「아이콘의 표상 방식에 따른 시각정보처리」, 『한국인지과학회 논문집』제 8권 제4호

류세자, 박민여, 「무대분장이 공연자의 심리상태 및 공연수행에 미치는 영향」, 『服飾』, 제 55권 7호, 한국복식학회, 2005 참조.

黃鈞 主編, 『京劇文化詞典』, 漢語大詞典出版社, 2001

그림 1 출처: http://www.hudong.com/wiki/%E8%B5%B5%E5%85%AC%E6%98%8E

찾아보기

라

마

차

정유선(鄭有善)

- 중국 북경사범대 문학박사
- 중국 설창문학(說唱文學) 및 중국공연예술 전공
- 박사논문은 『宋金說唱伎藝硏究』(2000)이며, 「양주청곡고」(2008), 「우동잡극〈讀離騷〉예술특징연구」(2009), 「老舍〈茶館〉의 설창예술 연행양상 고찰」(2011) 등 중국 공연예술 관련 연구 논문이 다수 있다.
- 저역서로 『조씨고아』(2011), 『중국 경극 의상』(2011), 『성어고사』(2007), 『중국 경극 배우와 레퍼토리』(2011) 등이 있다.
- 현재는 중국공연예술과 중국문화를 중심으로 중국학 연구를 진행하고 있으며, 상명대 교육대학원 중국어교육전공 교수로 재직 중이다.

중국 경극 검보의 이해

초판 인쇄 2013년 2월 1일
초판 발행 2013년 2월 8일

저   자 | 정유선
펴 낸 이 | 하운근
펴 낸 곳 | 學古房

주   소 | 서울시 은평구 대조동 213-5 우편번호 122-843
전   화 | (02)353-9907 편집부(02)353-9908
팩   스 | (02)386-8308
전자우편 | hakgobang@naver.com
등록번호 | 제311-1994-000001호

ISBN   978-89-6071-291-1 93680

값 : 15,000원

※ 파본은 교환해 드립니다.